EL LIBRO
QUE NADIE
DEBE LEER

RAQUEL LEVINSTEIN

EL LIBRO QUE NADIE DEBE LEER

LOS AGUJEROS NEGROS DE LA INCONSCIENCIA

PANORAMA

superación

Respete el derecho de autor.
No fotocopie esta obra.

CeMPro

Centro Mexicano de Protección y Fomento
a los Derechos de Autor
Sociedad de Gestión Colectiva

El libro que nadie debe leer
Los agujeros negros de la inconsciencia
Raquel Levinstein

Primera edición: Panorama Editorial, 2017

D. R. © 2017, Panorama Editorial, S. A. de C.V.
    Manuel María Contreras 45-B, colonia San Rafael,
    06470, Ciudad de México

Teléfono: 55 54 70 30
e-mail: ventas@panoramaed.com.mx
www.panoramaed.com.mx

Texto © Raquel Levinstein
Fotografía portada © Patrice6000 y Seeyou, usada para la licencia de Shutterstock.com
Fotografías interiores: en la p. 108, *Accretion disk*, imagen de dominio público creada
por la NASA y la Agencia Espacial Europea; en la p. 133, *A binary black hole*, creada por
la Organización Europea para la Observación Astronómica en el Hemisferio Austral;
y en la p. 223, © Dario Lo Presti, usada para la licencia de Shutterstock.com.

ISBN: 978-607-452-600-4

Impreso en México

Para que cada ser humano descubra su
infinito potencial interior, logre expandir
su conciencia hasta el infinito y ocupe el
lugar que le corresponde en el cosmos.

Con todo mi amor,
RAQUEL LEVINSTEIN

Índice

Fuera, pues, con lo viejo,
la decadencia y el polvo mohoso
de esta masa informe:
adelante, pues, con la eterna vastedad
de un espíritu sin grilletes,
un ser tan libre
que al moverse parezca desligado
hasta de la realidad
y proyecte la imagen
de eterna esperanza
en la más diminuta gema
o en la gota de rocío
posada en singular capullo.

SHAKESPEARE

Un comentario sobre el título de este libro

El libro que nadie debe leer hace alusión a aquel pasaje de la Odisea en el que el inmortal Homero, poeta clásico y a quien se le considera el autor de las dos mayores obras épicas de la antigüedad, narra la historia de Odiseo –el personaje central–, quien armado de valor, ingenio y astucia le saca el único ojo al cíclope que lo mantenía prisionero junto con sus compañeros de aventuras. El héroe le había dicho a esta criatura que su nombre era Nadie, por lo cual cuando éste se sintió invadido por el dolor y comenzó a gritar desesperadamente pidiendo ayuda a los cíclopes que vivían en cuevas aledañas, diciendo que le habían sacado su único ojo, aquéllos le preguntaron: "¿Quién te ha sacado el ojo?", y el cíclope respondió: "Nadie me ha sacado mi ojo". Ante tal respuesta, los cíclopes se retiraron del lugar sin siquiera intentar auxiliar a su compañero.

Y es que precisamente eso es lo que necesitamos, no sólo para enfrentar la realidad caótica y destructiva que experimentamos día con día, sino también para transformarla y trascenderla; para construir una vida nueva y un mundo mejor. ¡Sí! Lo que necesitamos es valor, ingenio, astucia y osadía para atrevernos a quitar el único ojo con el que los cíclopes perciben la realidad; para lograr expandir nuestra mirada hasta el infinito y traspasar las fronteras de lo estrictamente material; para penetrar conscientemente en la Dimensión de los Milagros, aquel campo invisible e intangible del que procede toda la creación.

La noche oscura por la que atravesamos y los resultados de los mil esfuerzos fallidos que realizamos día con día para generar un genuino cambio en el sentido de nuestra existencia, nos indican que no estamos haciendo lo correcto, que debemos buscar otra dirección, otras alternativas. Es por ello que te invito a caminar conmigo por el sendero que nos conducirá hacia las estrellas, para intentar descubrir cómo funciona el universo y nuestra mente; y la influencia que ésta tiene sobre la realidad.

A mis amadísimos lectores

Les pido que no se amedrenten ante la densidad de la primera parte de este libro, en cuyos capítulos intento definir qué es el campo unificado de todas las cosas, el cual pretende responder a lo que se considera el misterio más grande de la ciencia en la actualidad: la materia y la energía oscuras, así como el enigma de los agujeros negros. Ustedes siempre han sido el impulso para plasmar, de la manera más sencilla y accesible, temas de gran profundidad; también espero haberlo logrado en esta ocasión. Si no fuera el caso, omitan dichos capítulos y enfóquense de manera especial en la segunda parte, titulada: "Los agujeros negros de la mente y de nuestra realidad". Sin embargo, les suplico que por lo menos hagan el intento. Les aseguro que vale la pena, ya que todo esto es el producto de muchos años de investigación y estudio.

A la comunidad científica

También los científicos se enamoran, sufren desilusiones, lloran, y ante la muerte de un ser querido quizás alberguen en lo más profundo de su ser el anhelo de un reencuentro. Sabemos que como seres humanos somos más, mucho más que materia. Somos mente y espíritu: nada y eternidad.

Todos sabemos sobre el creciente interés y los impresionantes descubrimientos que hacen alusión al campo intangible e invisible del que emerge toda la creación –como es el caso del campo cuántico, la partícula divina o partícula de Dios–: hablo del campo de Higgs, y el impacto que dicho hallazgo ha tenido sobre las diferentes áreas del conocimiento humano. Esto me ha llevado, en primer término, a investigar sobre diversas disciplinas científicas, filosóficas e incluso metafísicas para lograr correlacionar los postulados más relevantes de cada una de ellas y tratar de comprender cómo funciona el universo, la vida misma en diferentes manifestaciones, el potencial de la mente humana y el impacto que ésta tiene en la realidad material.

Debo comentar que esta aventura ha sido sorprendente, además de que fue enriquecedora en todos sentidos. Los conocimientos que me aportó abren un panorama de infinitas posibilidades para nuestra condición humana y proceso de evolución. Es por ello, que con profunda humildad y un gran respeto me atrevo a proponer algunas sugerencias para:

- Lograr establecer o integrar el cuadro unificado de las cuatro fuerzas del universo, explicar lo que se considera como el mayor reto de la ciencia.
- Intentar explicarlo se considera como el mayor misterio del universo: la materia y la energía oscura.
- Correlacionar mediante los postulados de las leyes universales y eternas –las cuales por su propia definición son inalterables–, la conducta de los agujeros negros del universo con lo que podría llamarse el comportamiento de los agujeros negros de la inconsciencia, los que sin darnos cuenta, porque no son perceptibles a los ojos físicos, nos sumergen y mantienen en una fuerza entrópica –caótica y destructiva–, tal y como podemos observarlo en la actualidad, cuando como humanidad atravesamos por una noche oscura que parece no tener fin.

Si ya has llegado hasta aquí, has esbozado una sonrisa y te parece muy pretencioso lo que propongo, te pido que te brindes la oportunidad de leer mi propuesta. Acepto que puedo estar equivocada, pero si éste fuera el caso, te solicito que lo refutes con conocimiento de causa, y no sólo porque lo que propongo parece imposible. Recuerda que *el ignorante ataca* y se burla de lo que no conoce y no entiende.

Aclaro que mi interés no es para vanagloria personal, sino sólo con el afán de compartir el fruto de una ardua investigación y el esfuerzo de muchos años de estudio y trabajo, pues estoy convencida de que todo aquello que nos ofrezca alternativas y soluciones para las situaciones difíciles que hoy por hoy enfrentamos como humanidad, merece respeto y debe ser tomado en consideración, sin importar el área de conocimiento a la cual nos dediquemos.

Si en la lectura de este libro encuentras algo importante y consideras que debe ser comentado, al final te ofrezco los diferentes medios por los cuales podemos establecer comunicación. Si éste no fuera el caso, deseo de corazón que disfrutes la lectura y que deje en ti la inquietud de seguir investigando desde tu área de conocimiento sobre el campo invisible e intangible del que proviene toda la creación, pues seguramente ahí encontraremos algunas de las respuestas a las mil preguntas que nos planteamos sobre nuestro origen, potencial y evolución.

De corazón mil gracias
por tu tiempo y tu atención,

RAQUEL LEVINSTEIN

Nota importante

Las propuestas están hechas con base en la correlación de los principios más relevantes de algunas disciplinas científicas como son:

- Física cuántica.
- Física clásica.
- Astrofísica.
- Biología molecular.
- Biología.
- Psicología.

Y también en otras áreas del conocimiento humano tales como:

- Filosofía.
- Metafísica.
- Espiritualidad y leyes o principios universales.

La correlación entre todas y cada una de las áreas del saber humano mencionadas son la sólida estructura de las propuestas que vas a encontrar a continuación. Será a los físicos y a los matemáticos a quienes les corresponda realizar las ecuaciones pertinentes si consideran de interés alguna de mis propuestas.

Prólogo

El científico no cree hasta no saber por qué habría de creer. El creyente sostiene que sabe aunque no sepa cómo lo supo. Esto, que parece un juego de palabras, produjo divisiones en la mayoría de las comunidades científicas y religiosas a lo largo de la historia de la humanidad. Aun cuando la ciencia y la técnica avanzan rápidamente en la actualidad, la religión ha esperado sin prisa a que la alcancen. Al conocimiento revelado, recibido de la divinidad, parecía no importarle la comprobación científica. Sin embargo, ahora las cosas han cambiado, y hay una parte de la ciencia a la que le interesa mucho explicar los misterios de la religión, y, de igual manera, hay religiones que alientan a la ciencia a acercarse a los enigmas de la creación.

Todo apunta a que llegará el momento en que se desentrañarán completamente las grandes preguntas del hombre en relación con el universo y la creación, con sus más increíbles manifestaciones, por medio del razonamiento lógico, la observación y la experimentación, herramientas imprescindibles del estricto método científico.

Para ese entonces no habrá quien tenga dudas. Seguramente muchos de nosotros ya no viviremos ese momento. Seremos de la época en que el alcance del conocimiento no nos fue suficiente para entender y explicar muchas cosas relacionadas con Dios, excepto por la fe.

Mi amiga Raquel Levinstein es una mujer que conduce su vida desde la espiritualidad, con una intuición muy desarrollada y una personalidad inquieta, enfocada a ayudar a otros a salir del sufrimiento y la inconsciencia. Desde hace más de 30 años su corazón, su voz y su gran sensibilidad han tocado a cientos de miles de personas. Su mensaje ha transformado vidas, según el testimonio de incontables casos, las cuales una vez sumidas en la desesperación han visto la luz cuando han puesto en práctica lo que plantea la Psicología Cuántica y del Espíritu®, ahora *Psicelogía*, que creó hace algunas décadas.

La joven psicóloga de los años ochenta observó con asombro el proceso de la derrota voluntaria a la creencia de un poder superior, al cual se adhieren firmemente los miembros de Alcohólicos Anónimos para dejar atrás el mundo infernal de las adicciones. Fue cuando decidió estudiar con mucha curiosidad, perseverancia y dedicación algunos fenómenos de la materia y su comportamiento para encontrar respuestas del cambio radical y positivo en la conducta de los alcohólicos.

Raquel Levinstein se aventuró con pleno convencimiento y sin ningún temor a formular una hipótesis en la cual hace un símil entre la física cuántica –con sus asombrosos descubrimientos recientes–, por un lado, y la dinámica de la mente humana –que conoce a profundidad–, por el otro. Según ella misma dice: "Ahora le toca a los hombres y a las mujeres de la ciencia, hacer el trabajo necesario a través de los métodos rigurosos de comprobación". Es decir, los convoca a que formulen las ecuaciones pertinentes para concretar lo que ella postula en su teoría. El objetivo: estructurar un puente entre la ciencia y la espiritualidad; la física y la metafísica; el cuerpo y el espíritu, así como entre la nada y la eternidad.

Raquel Levinstein postula que en la mente de los individuos también existe la fuerza entrópica o destructiva de la materia que, literalmente, la ancla al caos y a la decadencia. Esto se manifiesta en comportamientos que la hacen caer en el alcoholismo, la drogadicción, la adicción al sexo, la perversión, la depresión, la agresión, la crueldad, la delincuencia y muchos otros absurdos que, desgraciadamente, van en aumento en nuestra sociedad moderna, al tiempo en que la gente se aleja de los valores más encumbrados, en especial de la fe y la esperanza.

Extrapolando los principios de la física a nuestra realidad humana, Raquel Levinstein dice que podemos aprovechar la destrucción que prevalece en nuestro entorno para transformar su energía en la construcción de un nuevo y más amigable sistema de relación con nosotros mismos y con los demás, que nos lleve hacia un mundo mejor por medio del amor, la conciencia y la aceptación humilde.

Es un hecho que ella constata cotidianamente, con sus miles y miles de seguidores, el acceso a lo que llama la Dimensión de los Milagros, en la cual se encuentra lo que nunca imaginamos hallar estando cerca del corazón de Dios.

Te invito a adentrarte en este texto con la mente abierta y llena de preguntas para recibir un regalo que alegrará tu alma, y que puede convertir tu existencia en la plenitud que tú deseas.

JULIETA LUJAMBIO

Prefacio

En esta obra, Raquel Levinstein busca cerrar la brecha entre la física cuántica y la metafísica. Muchos lo han intentado pero sin gran éxito. Y es que la física cuántica se explica con ecuaciones, mientras que la metafísica con la razón y con una buena dosis de imaginación. No olvidemos que Einstein desarrolló su teoría de la relatividad como mera fantasía; de hecho, él decía que la imaginación era más importante que el conocimiento. La doctora usa analogías entre ambas disciplinas que quizás, con el tiempo, puedan mostrar su validez científica expresándolas con el código del universo: las matemáticas.

Muchas de las teorías de la física cuántica, hoy validadas por la experimentación, fueron llamadas elucubraciones metafísicas. Incluso hay más de una teoría que es clasificada de esa manera actualmente.

La doctora Raquel, con la Psicología Cuántica y del Espíritu®, ha propuesto que la física cuántica y la psicología están unidas, y ha usado esta hipótesis con gran éxito en sus intervenciones en todo tipo de problemas emocionales.

Como tantos grandes científicos, ella ha buscado probar la teoría del campo unificado, también nombrada teoría del todo o el Santo Grial de la física. Tarea nada fácil. La teoría de las supercuerdas, ahora conocida como la teoría M, pareciera haber encontrado un camino para la unificación de las cuatro fuerzas fundamentales. Tal vez no estemos lejos de descubrir una ecuación que confirme la integración de dichas fuerzas. Pero creo que la doctora Levinstein va más allá, busca integrar una quinta fuerza: la espiritual. Si lo logra, habrá explicado la razón de nuestra existencia. Con ello, todos los velos caerán y el ser humano dejará de ser un accidente o un acto fortuito de la naturaleza para convertirse en una parte esencial del universo, y los físicos y los metafísicos formarán una sola hermandad.

Como ella dice, la lectura de este libro no es fácil. Es necesario tener la mente bien abierta y hacer el esfuerzo necesario para comprender su contenido. Si después de haber leído esta obra, el lector se plantea preguntas como las que ella propone en su texto, la lectura habrá valido la pena; pues aquél ya no será la misma persona: formará parte de una comunidad pensante, que, tarde o temprano, alcanzará una masa crítica y el mundo será un mejor lugar para vivir para todos sus habitantes.

LUIS CASTAÑEDA M.

Preámbulo

Ante la caótica y destructiva realidad que enfrentamos hoy en día como humanidad, nos quejamos de manera constante. Lamentamos con profundidad el hecho de que nos haya tocado vivir en esta época, en la que la violencia, la neurosis, las adicciones, la corrupción, la criminalidad e incluso la barbarie son características distintivas de nuestro diario vivir.

El miedo se ha instalado en lo más profundo del alma. Las enfermedades que antes sólo afectaban a los adultos, hoy también impactan a los niños, incluso a los de muy corta edad. Paradójicamente, cuando la mayor parte de los esfuerzos se ha dedicado a la búsqueda de la riqueza y de los bienes materiales, el hambre y la miseria crecen de manera desproporcionada. Los avances tecnológicos, que evidentemente facilitan la comunicación entre los hombres, también han propiciado el aislamiento, la depresión y la desolación.

En ocasiones nos sentimos como corchos en el mar o papalotes al viento. Parece que no encontramos el sentido de la vida y andamos sin rumbo. Y cuando vienen a nuestra mente las preguntas que la humanidad se ha planteado a lo largo de su estancia en esta tierra: ¿quiénes somos?, ¿de dónde venimos?, ¿hacia dónde vamos?, ¿qué hacemos aquí?, parece que no hay respuestas, y que los problemas que enfrentamos día con día no tienen solución. No obstante, te aseguro que estamos viviendo la mejor época en la historia de la humanidad.

Estamos frente a la más grande y maravillosa oportunidad de transformación y trascendencia. Somos los invitados a la construcción de una nueva tierra y una vida mejor para todos y cada uno de los hijos de Dios, para cada uno de los pobladores de este maravilloso planeta que el Creador nos regaló como hogar.

No lo dudes, tú eres el invitado especial. Y todo esto, que tanto a nivel personal como a nivel de humanidad hemos tenido que enfrentar, no es más que la preparación –como la que tiene que enfrentar la bellota antes de convertirse en roble– para descubrir tu infinita grandeza interior, para romper los grilletes que te mantienen atado a la ignorancia, la inconsciencia y la fuerza entrópica, es decir, la fuerza caótica y destructiva de la materia.

Así es, sólo por ignorancia e inconsciencia es que el panorama se perfila como un abismo sin fondo, cubierto por la oscuridad y las tinieblas; tal como los agujeros negros en el espacio que devoran todo lo que hay a su alrededor. Por esta razón, la realidad que enfrentamos, la noche oscura del alma por la que atravesamos, devora nuestros sueños, ilusiones y hasta nuestras esperanzas. No obstante, los avances científicos más espectaculares de diferentes disciplinas científicas nos conducen no nada más a un camino de esperanza, sino también a uno de plena realización, transformación y trascendencia.

En este libro vas a encontrar una síntesis de los postulados más relevantes de diferentes disciplinas científicas –incluso de la astrofísica–; el comportamiento desconcertante de los increíbles hoyos negros; el colapso y el surgimiento de las estrellas; los postulados más relevantes de la biología molecular, de la genética, de la termodinámica, de la física clásica, de la física cuántica, de la metafísica y de la psicología; así como los principios filosóficos universales y las leyes espirituales eternas. Y con todos estos elementos interrelacionados, vamos a entretejer el marco conceptual o la teoría que nos permita explicar nuestro origen, destino e infinito potencial de creación y transformación. De tal manera que nos sea posible encontrar la piedra filosofal, tan anhelada y buscada por la humanidad, para realizar la alquimia; es decir, el cambio o la transmutación tanto de nuestra realidad exterior –visible y tangible– como de nuestra realidad interior –invisible e intangible.

Considero pertinente aclarar que este libro no es de autoayuda, es un libro de conocimiento que te proporciona información y herramientas de superación y transformación. Todo esto es el resultado de muchos años de investigación y formación autodidacta, pero, sobre todo, de la experiencia y la historia de miles de personas que han transformado su vida y su entorno, cuyos testimonios se pueden escuchar día a día en la emisión radiofónica de la cual tengo el privilegio de ser su titular: *Siempre contigo*, en Radio Centro 107.3 HD2.

Tu amiga,

RAQUEL LEVINSTEIN

Introducción

Leonardo da Vinci mencionaba que el hombre comparte leyes de la naturaleza, en tanto que de ellas surge. Es por ello que para lograr entender nuestra propia identidad y nuestro infinito potencial es importante conocer cómo funciona el universo, cuáles son las leyes que lo sustentan, cómo y de dónde surge la vida y cuál es nuestra influencia sobre esta última.

Para ello, vamos a buscar la interrelación entre los postulados más relevantes de diferentes disciplinas científicas, en inicio apelando a una de las siete leyes universales o principios herméticos que propone *El Kybalión*: el principio de correspondencia, del cual ahondaremos más adelante. En este momento basta con mencionar su postulado más relevante: *Como es arriba es abajo, como es adentro es afuera. Como es en el cielo es en la tierra.*

Basados en este postulado, vamos a intentar correlacionar todos y cada uno de los principios herméticos o leyes universales, sobre los cuales se encuentra regido nuestro universo, con la dinámica de la mente humana y el potencial infinito que en ésta se encuentra, y con la fuerza descomunal del espíritu. Esto lo haremos mediante los postulados de la Psicología Cuántica y del Espíritu®, que a partir de este libro identificaremos como:

Psicelogía

En donde:

Psi = psique o alma.
C = cuántica.
E = espíritu.
Logía = de *logos*, tratado o estudio de.

Cabe mencionar que la Psicelogía o Psicología Cuántica y del Espíritu® es el producto de la experiencia que he ganado después de muchos años de estudio e investigación en las diferentes áreas del conocimiento humano. Esto me ha permitido intentar construir un puente entre la ciencia y la espiritualidad; entre la materia y el espíritu; entre la física y la metafísica; y entre la nada y la eternidad.

Con el amplísimo panorama que nos proporciona este enfoque, nos aventuraremos a encontrar y proponer respuestas a lo que constituye el mayor reto de la ciencia: el cuadro unificado de todas las cosas; así como lo que los físicos consideran el más grande misterio: los agujeros negros y el papel que tienen en el universo, en nuestra mente y en la realidad material. Asimismo, nos asomaremos a lo que el astrofísico Michael Turner denomina como *el misterio más profundo de la ciencia*: la materia y la energía oscura.

Sé que el reto es descomunal. No obstante, los problemas que enfrentamos como humanidad hoy en día también lo son. Estoy segura de que vale la pena intentarlo. Te invito a acompañarme en esta fascinante aventura, solamente te pido que tu equipaje sea mantener el corazón y la mente abiertos, y dejar de lado la soberbia que nos lleva a pensar que sabemos absolutamente todo. La realidad caótica y destructiva que enfrentamos dice que no estamos haciendo lo correcto y que son muchas más las cosas que ignoramos que las que creemos saber.

Para ello, vamos a retomar algunos principios de la metafísica y su correlación con la física, tanto la clásica como la cuántica. De igual manera, abordaremos las bases de la termodinámica, algunos de los descubrimientos estelares de la física cuántica y el comportamiento de los agujeros negros en el universo, así como su relación con la fuerza de gravedad. También vamos a realizar un paseo para tratar de entender cómo surgen las estrellas en el universo, así como su colapso y su vínculo con los agujeros negros. Recuerda que una estrella también... ¡eres tú! Por lo tanto, lo que acontece en el cielo te involucra a ti, a los seres que más amas y, de hecho, a la humanidad entera.

Con todos estos elementos y recordando lo que Albert Einstein señalaba: "Todo el universo es energía", como niños curiosos, nos asomaremos a un ventanal fantástico para observar y, más que eso, para tratar de entender la importancia de la energía misma en todos los planos de expresión de la existencia, su capacidad y su cualidad de transformación. Asimismo, vamos a echar un vistazo a lo que el doctor Rupert Sheldrake propone como la formación y la ruptura de los campos energéticos o mórficos, aquéllos que en el universo le dan forma y repetición a los eventos en las diferentes manifestaciones de vida, y que en nuestro caso nos conducen a la felicidad y la plenitud, o, por el contrario, los que nos mantienen resonando entre el dolor y el sufrimiento.

Confío en que nuestro fantástico viaje nos permita encontrar las respuestas suficientes para entender el comportamiento tanto de las partículas más diminutas en el mundo subatómico como el de los astros en el cosmos, la dinámica de la mente y su impacto en nuestra realidad material. Y de manera especial, con el entretejido de todos los elementos mencionados, acceder con plena conciencia y profunda humildad al campo intangible e invisible, fuente generadora de toda vida, el campo primigenio de toda creación, la mente infinita del Arquitecto del universo: Dios, o como cada quien lo pueda concebir.

Con todos estos principios interrelacionados será posible conformar una nueva cosmovisión, es decir, una comprensión más amplia y profunda de la naturaleza –de la cual formamos parte relevante–, con el fin de que nos sea permitido entender el lenguaje del universo y descubrir sus misterios, mismos que se encuentran a la vista del que tiene *ojos para ver*, y que puede aprovechar la fuerza caótica y destructiva que prevalece en la actualidad, y así transformarla en el impulso necesario para dar un salto cuántico hacia el campo primordial de toda vida. Así, teñidos con la majestuosidad y el poder inagotable del espíritu, podremos construir una nueva y maravillosa realidad, misma que no se encuentra más distante que nuestros pensamientos, sentimientos, emociones, y el deseo sincero de hacer un cambio radical en nuestro mundo y en nuestra existencia cotidiana.

Deseo de todo corazón que para ti y para los seres que amas, este libro sea un parteaguas en tu vida y en la humanidad entera, que todo el dolor experimentado hasta el día de hoy sólo sea la plataforma para extender las alas de la mente para que puedas emprender un vuelo al infinito, y logres cristalizar tus sueños más encumbrados.

Tu amiga,
RAQUEL LEVINSTEIN

Primera parte

Advertencia

Estimado lector, esta parte del libro es muy compleja. Te pido que la leas con atención y que intentes comprenderla. Sin embargo, si te resultan muy difícil estas primeras páginas, puedes omitirlas y enfocarte en la segunda parte.

Capítulo 1

Un poco de historia para entender nuestro presente

Para entender cómo funciona el universo y nuestro papel en él, es importante conocer las aportaciones que, a lo largo de la historia, grandes hombres nos han legado haciendo uso de la razón y la ciencia; y cómo éstas han impactado no sólo nuestra cosmovisión, sino también nuestra vida y nuestro desarrollo como humanidad.

Podríamos partir del concepto que se tenía del universo en la Edad Media, cuando se pensaba que la Tierra permanecía inmóvil y que era el centro del universo. Muchos fueron torturados, incluso algunos quemados en la hoguera, sólo por pensar de manera diferente. No obstante, la realidad se hizo evidente, y el conocimiento logró imponerse sobre la ignorancia y el fanatismo. Con ello, se dio pie a una nueva era, la del Renacimiento y, posteriormente, la Ilustración, en la que tuvieron un gran auge la ciencia, la cultura y las artes. En estos periodos, en los que surgen nuevas y revolucionarias ideas, la bandera que se enarbolaba como el estandarte de la lucha y el crecimiento era la libertad inalienable del hombre.

Mucho tiempo antes de Cristo, hace aproximadamente 2 mil 500 años, los primeros filósofos occidentales vivieron en Grecia, Italia y Turquía. Es en el primero en donde existieron personajes que se atrevieron a utilizar la razón para explicar el sentido del mundo, explorando todo aquello de lo que no se tenía conocimiento.

Cabe mencionar que la filosofía busca respuestas o ideas sobre todo aquello desconocido. Cuando las respuestas se hacen evidentes, entonces esta disciplina se convierte en ciencia, en tanto que nos habla de lo que ya es un conocimiento demostrado y confirmado, además, de cómo es que llegamos a tenerlo. Antes de estos filósofos y sus aportaciones y respuestas ante los enigmas del universo, todo se concebía como un mito, una leyenda o como la voluntad de los dioses.

El primer filósofo del cual se tiene referencia es Tales de Mileto, llamado así en alusión al lugar en donde vivía. Este pensador proponía que existía una fuerza viva, subyacente y vivificadora que estaba presente en todo. Afirmaba que todas las cosas están llenas de dioses y que la Tierra flota como un tronco de árbol sobre el agua. Por su parte, el pensador Anaximandro, también nació en Mileto, compartía con Tales la idea de que había algo básico que unía al universo, pero no pensaba que fuera algo tan simple como el agua lo que lo ataba y sustentaba. La sustancia que para él se encontraba por encima y debajo del universo físico, y que era la fuente de todo, la llamaba *lo ilimitado*.

Anaxímenes, quien fue discípulo de Anaximandro, también coincidía con la idea de una fuerza que unía al universo, pero difería con los anteriores; él pensaba que el aire era aquello que unía el universo. Éste era la fuente de toda vida, ya que los seres vivos tienen que respirar para vivir. Asimismo, pensaba que el alma era aire.

Por su lado, Anaxágoras postulaba al éter como la totalidad ilimitada, el cual ocupa todo lugar y le confiere orden a las cosas. Para este filósofo el éter equivale a la quinta esencia de todo cuanto existe, más allá de los cuatro tipos de materia o elementos palpables: el agua, el aire, el fuego y la tierra.

Por su parte, Heráclito proponía que la sustancia básica del universo era el fuego, el cual cambia todo lo que toca. Este filósofo también observó que en la naturaleza todo se transforma de un segundo a otro. Asimismo, afirmaba que no es posible sumergirse dos veces en la misma agua, ya que cuando el cuerpo tiene contacto con ésta, ninguno de los dos es el mismo. Heráclito también postulaba que existía una especie de balanza cósmica, por ejemplo, la primavera no podría existir si antes no le precediera el invierno, y sin el mal no podría existir el bien.

Empédocles, quien nació en Sicilia, no creía que existiera un elemento básico que uniera al universo. Él pensaba que la realidad sólo se limitaba a los cuatro elementos: agua, el aire, el fuego y la tierra, y explicaba los cambios de la naturaleza mediante la unión y separación de éstos. También sostenía que existían dos fuerzas primordiales que eran el amor y el odio; para él, el primero une y el segundo separa.

Parménides afirmaba que la realidad sólo podía entenderse pensando, es decir, mediante el uso de la razón. Además, postulaba que el origen de toda diferencia era la oscuridad y la luz. Este gran filósofo señalaba con gran vehemencia que: "Dios no existe, Dios es". Es decir, que Dios es la fuerza y la esencia invisible e intangible, la entidad misma de todas las cosas que podemos percibir a través de los cinco sentidos.

Por su parte, Aristóteles señalaba que: "Cualquier cuerpo en movimiento se detiene cuando la fuerza que lo empuja deja de actuar". Por lo tanto, para este gran pensador "todo aquello que está en movimiento, está impulsado por algo" y, además, "tiene que haber necesariamente algo eterno que lo mueva primero". Como los movimientos necesitan tener un origen, esa primera causa es Dios.

En la actualidad, después de más de 2 mil 500 años, todas estas ideas o propuestas filosóficas, que comenzaron como cuestionamientos o preguntas sobre el comportamiento del universo, y que fueron conformando una nueva visión de la naturaleza, de nuestro origen y del cosmos en general, al encontrar respuestas se transformaron en verdades científicas, es decir, en una contundente y afortunada realidad, como más adelante detallaré.

Con el fin de encontrar respuestas a los misterios del cosmos y de la vida misma en diferentes planos de manifestación, también los científicos estructuraron hipótesis y cuestionamientos, por medio de metodología experimental y de planteamientos matemáticos. Estas inquietudes sobre la manera en que actúa la naturaleza y el cosmos llevaron a Albert Einstein, a principios del siglo xx, a cuestionarse sobre el comportamiento de la luz, comprobando que ésta, además de fluir como onda, se comportaba como partícula mediante lo que él denominó como *fenómeno fotoeléctrico*, mismo que le mereció el Premio Nobel de Física en 1921.

Por su parte, Max Planck ya había planteado que la energía depende de cierta frecuencia ondulatoria, en otras palabras, que la luz es de naturaleza ondulatoria y que se desprende en forma de paquetes de energía, a los cuales denominó *cuantos*.

Estos hallazgos forjaron la plataforma de lo que dio pie a la revolución cuántica, o el surgimiento de la nueva física, que sostiene que la realidad material es en esencia onda, es decir, luz con la capacidad inherente de comportarse como partícula. En este sentido, la teoría ondulatoria de Louis de Broglie y la ecuación de onda de Erwin Schrödinger confirman que lo que se manifiesta en forma de partícula es de naturaleza ondular, es decir, que la materia es luz condensada. Nosotros, como parte de la realidad, también somos una amalgama perfecta de materia y espíritu o luz eterna; contamos con una parte material que en realidad es nada y una parte espiritual que nos concede eternidad. En otras palabras, somos seres espirituales que procedemos de la mente infinita o inteligencia cósmica, pero habitamos en un cuerpo y en un mundo material.

Sin duda, este nuevo paradigma o forma de contemplar el universo –según Ramon Marquès en su libro *Descubrimientos estelares de la física cuántica*–, nos introduce en la idea física de campo; un campo invisible e intangible, metafísico, tal como lo imaginaban los primeros filósofos. La materia viene a ser una derivación de éste, "el cual pasa a ser la esencia que genera todo cuanto existe en el universo".[1]

Ya desde 1927, cuando en Bruselas se reunieron los físicos más importantes de aquella época, y con base en sus debates y aportaciones, surge la revolución conceptual más importante de todos los tiempos, lo que se conoce como la interpretación de Copenhague: la física cuántica, una revolución que surge en el área de la física, pero que impacta a todas las disciplinas del conocimiento humano.

Desde este nuevo paradigma se postula que la onda y la partícula son los dos polos de una misma realidad, y que la última es realmente un campo vibratorio que ha surgido debido a un colapso o efecto de frenado de un campo invisible e intangible con función ondulatoria, el cual a través de una frecuencia vibratoria característica se manifiesta en materia

---

[1] Ramon Marquès, *Descubrimientos estelares de la física cuántica*, Barcelona, Índigo, 2014.

visible y tangible.[2] Es decir, que la energía que emerge de un campo intangible e invisible se transforma en materia palpable, visible, tangible y cuantificable, de acuerdo con la famosísima ecuación de Albert Einstein:

$$E = mc^2$$

La hipótesis, desde esos tiempos, es que todo aquello que podemos captar por medio de los cinco sentidos emerge de un campo primordial, invisible e intangible a los sentidos físicos, que a través del colapso de onda o frenado gravitacional se manifiesta en una fuerza o complejo vibratorio que se percibe como partícula en el mundo subatómico y adquiere diferentes características en los diferentes estratos del universo.

Lo importante en este momento es reconocer que todas las áreas del conocimiento paulatinamente se han visto impactadas y transformadas con esta nueva cosmovisión, incluso la tecnología de la que hoy en día disfrutamos surge de esta novedosa y revolucionaria manera de percibir el universo. Destacan dos puntos:

1. Todo aquello que podemos captar por medio de los cinco sentidos emerge de una fuente o campo intangible e invisible.
2. El pensamiento del hombre o la mente humana impacta a la materia y le da forma.

Sin embargo, no es hasta el cuatro de julio de 2012, con base en las investigaciones del doctor Peter W. Higgs, quien en

[2] Ibídem.

los años sesenta había postulado matemáticamente la existencia de una partícula que proporcionaba masa a otras partículas, que varios científicos –entre los que destacan varios mexicanos– hicieron un descubrimiento que estremeció a la comunidad científica. En la Organización Europea para la Investigación Nuclear (cern, por sus siglas en francés) en Suiza, mediante el Gran Colisionador de Hadrones, demostraron la existencia del bosón de Higgs, también llamado partícula divina o partícula de Dios.

El bosón de Higgs trae la carga material del campo invisible al visible y tangible. Con él queda demostrado lo que los filósofos habían propuesto a partir del uso de la razón, y también lo que los primeros físicos cuánticos habían postulado en su momento con base en diversos experimentos y descubrimientos científicos: que todo lo que es posible captar a través de los cinco sentidos emerge de un campo invisible e imperceptible para ellos. Sin embargo, a pesar de la relevancia de este descubrimiento, a nivel científico todavía quedaban dudas sobre la existencia de este campo imperceptible a los sentidos físicos, el cual constituye la fuente y origen de toda creación material.

No obstante, al año siguiente, el 13 de marzo de 2013, el doctor Higgs y su equipo demostraron científicamente la existencia de este campo. Tal fue la importancia de este descubrimiento que ese mismo año a él y a su colaborador, el doctor François Englert, se les entregó el Premio Nobel de Física.

Ya no hay duda de que lo que en un inicio fue planteado por los grandes filósofos como el *todo ilimitado* –la posibilidad de interpretar al mundo y la respuesta al origen de la vida o la fuente generadora de toda manifestación–, hoy es una verdad científica comprobada.

En cada estrato de vida o segmento de manifestación, esta fuerza o potencia infinita –la primera causa de la creación, originada a través del colapso de una onda o efecto de frenado gravitacional y mediante una expansión vibratoria– se manifiesta de diversas maneras y en diferentes grados de complejidad:

- *En el universo.* Da origen a los astros, es la primera causa que los mantiene en permanente movimiento, dando pie a una dinámica particular en donde se gesta la formación de agujeros negros, el surgimiento y el colapso de las estrellas, entre otras cosas.
- *En el mundo subatómico.* Esta fuerza se presenta como partículas, las cuales conforman la infraestructura de toda manifestación material.
- *En el mundo de la relatividad.* Es llamado también la realidad material, el campo primordial visible y tangible a los sentidos físicos. Da origen a todo lo creado. Es la sustancia, esencia e infraestructura de toda forma y manifestación material, es decir, la presencia de todo aquello que podemos percibir a través de los cinco sentidos.
- *En la mente.* Produce los pensamientos, los sentimientos y las emociones. Aquí se destaca la fuerza que genera el miedo, que no es otra cosa que la ausencia de amor y que se gesta a partir de la no aceptación de nosotros mismos, de los demás, de las circunstancias, etcétera. Esto se asemeja a los postulados de Albert Einstein, según los cuales en el universo la oscuridad es la ausencia de la luz. En este caso, el miedo da origen a la actividad subconsciente, o la potencia de la mente, que la Psicología propone como *la noche de la mente*, que nos ancla a

la fuerza entrópica, caótica y destructiva de la materia, generando dolor y sufrimiento.

Estoy segura de que comprender cómo funciona el universo, del cual formamos parte, significará obtener las herramientas suficientes para transformar la realidad material que nos agobia y estremece. Ante un futuro incierto y un presente en el que parece que la solución a nuestros problemas se encuentra muy distante, que incluso parece imposible, contamos con recursos de impresionante majestuosidad, belleza e infinito poder, los cuales siempre están a nuestro alcance y de mil formas –cuando se logra ver con los ojos del alma–. Estos recursos nos recuerdan que hay algo o alguien más grande que nuestros problemas, carencias, enfermedades y todo tipo de conflictos que día con día tenemos que enfrentar.

Te invito a continuar la lectura, pero te sugiero hacerlo con la mente y el corazón abiertos, pues es tiempo de traspasar las fronteras de nuestra propia ignorancia y que nos han mantenido en un agujero negro de inconsciencia en donde el dolor, el sufrimiento y la desolación son el pan de cada día.

Capítulo 2

Las fuerzas o potencias de la naturaleza

La ciencia ha confirmado que existe un campo que no se puede ver ni tocar y que es la fuente u origen de todo lo creado. Para la metafísica viene a ser la mente infinita del Padre, que es en sí misma esencia, sustancia, energía y manifestación; para la filosofía, en particular para Aristóteles, es la primera causa; para la religión es Dios, el principio de todo lo creado; para la ciencia es la causa que genera un efecto determinado; y para los físicos, especialmente los que se dedican a investigar el origen de la masa de las partículas elementales, es el campo invisible e intangible del que emerge toda la creación: el campo cuántico o campo de Higgs.

Y ese campo imperceptible para los sentidos físicos, se manifiesta en los diferentes estratos o planos de la naturaleza y en todo la creación –incluso hasta en la mente humana– en dos formas o potencias, mismas que con las leyes o principios de la termodinámica podemos entender de la siguiente manera:

- *Fuerza entrópica.* Tiende hacia la destrucción y la muerte, o degradación de la energía de un sistema.
- *Fuerza antientrópica.* Aprovecha la degradación de la energía para generar un nuevo y mayor sistema de energía, de esa manera propicia sistemas más complejos de manifestación y un equilibrio perfecto.

Estas dos fuerzas o potencias, según la termodinámica, trabajan de manera conjunta para establecer el equilibrio de la naturaleza y de la vida misma. Bajo esta óptica, destaca uno de los principios más relevantes de la física: "La energía no puede crearse ni desaparecer, sólo cambia de forma".

Para ilustrar lo anterior comparto contigo estos ejemplos:

- El efecto de la gravedad o energía gravitacional del agua genera energía eléctrica.
- El humo que emite un carbón que se encuentra en degradación se utiliza como impulso para poner en movimiento una locomotora.
- El colapso gravitacional de una estrella propicia el surgimiento de un hoyo negro en el universo.
- La energía gravitacional que genera una piedra al resbalarse sobre una superficie rugosa se transforma en calor.
- La energía entrópica –que tiende hacia el caos, la destrucción y la muerte– equivale a la actividad subconsciente que es alentada por la parte oscura de la mente –la noche de la mente–, cuya frecuencia vibratoria de los pensamientos y sentimientos es muy densa. Por esta razón, nos anclamos a dicha fuerza, en la que se manifiesta el comportamiento adictivo, violento y destructivo que nos caracteriza hoy en día.
- La energía antientrópica saca provecho de la degradación o transformación de la actividad subconsciente en la mente; de esta manera, por medio de diferentes procesos como el aprendizaje que se transforma en experiencia, o el genuino perdón, el cual eleva la frecuencia vibratoria de nuestros pensamientos y sentimientos, conforma la actividad supraconsciente. Esta última nos

mantiene en contacto consciente con la fuerza primigenia de la creación, el principio y el fin de todo lo creado: Dios, o como cada quien pueda concebirlo.

Con estos principios es posible reconocer que frente a nosotros se encuentra la más grande y fascinante oportunidad de transformación y trascendencia, y que a pesar del panorama oscuro y desolador que enfrentamos como humanidad –que sin duda genera energía entrópica, caótica y destructiva– podemos utilizar esta última para crear un nuevo sistema de energía, y una nueva y maravillosa realidad. Los recursos se encuentran en nuestra mente y corazón, es por ello que insisto que los mantengas bien abiertos.

Juntos vamos a descubrir los recursos con los que contamos. Te invito a aplicarlos en tu vida diaria y tus problemas cotidianos, incluso en aquéllos que parecen no tener solución. Comenta y comparte tus propias experiencias para que sirvan de ejemplo a los demás y para que todos logremos enriquecer las propias. Al final del libro te proporciono algunos sitios electrónicos para que nos mantengamos en contacto de manera permanente.

De entrada, basta saber que somos habitantes distinguidos de dos universos:

- Uno que es por completo imperceptible, que corresponde al campo intangible e invisible, fuente primigenia de toda creación e infraestructura de todo lo que podemos percibir por medio de los cinco sentidos.
- Uno visible, medible y cuantificable, que se percibe como el estrato material, realidad exterior o mundo de la relatividad.

El primero, corresponde al campo o fuente generadora de toda vida, al vacío que constituye 99.9% de los átomos y que, por lo tanto, conforma el soporte de toda manifestación material. El segundo, se correlaciona con el mundo visible y tangible para los sentidos físicos, y que, precisamente, es el efecto de la primera causa o fuente espiritual.

En la mente humana, la interacción con el campo invisible e intangible corresponde a las ideas, las imágenes, las emociones, los pensamientos y los sentimientos, los cuales cuando son inspirados por el amor, el servicio, la bondad, la gratitud y la nobleza –que generan altísimas frecuencias vibratorias–, nos permiten acceder o conectarnos conscientemente con el campo primigenio de toda vida: la mente de Dios, o como cada quien pueda concebirlo. Y es cuando en el plano material todas las cosas fluyen para bien, y el amor se convierte en la fuerza magnética que rechaza lo que nos daña y atrae lo que nos beneficia.

Pero cuando los pensamientos y sentimientos son de índole negativa, como los que generan celos, agresividad, violencia, envidia, crítica, resentimiento, ira, etcétera, baja dramáticamente la frecuencia vibratoria de los mismos, conectándonos con la fuerza entrópica, caótica y destructiva de la materia, debido a la ley de atracción. Por lo tanto, desde mi punto de vista, esta actividad en la dinámica de la mente equivale a la fuerza de gravedad en la materia, que por su bajísima densidad vibratoria nos hace proclives a atraer personas y circunstancias que generan dualidad y conflicto interior, así como dolor y sufrimiento en nuestra realidad externa o material.

Como podrás darte cuenta, en todos los ámbitos es posible ver estas dos tendencias, tal como se había postulado en el terreno de la filosofía, particularmente en los señalamientos de Empédocles, quien sostuvo que en la naturaleza prevalecen dos potencias: la luz y la oscuridad. Él también aseguraba que amor que tiene la cualidad de unir, mientras que el odio de separar.

Por su parte, el doctor Emoto, con base en la observación y por medio de una serie de bellísimas fotografías, ha demostrado gráficamente el impacto de la palabra amor, la cual genera en la estructura molecular del agua formas de diamantes con enorme encanto y equilibrio, mientras que la palabra odio o aquéllas que muestran violencia o desprecio, provocan la desintegración de dicha estructura.[1]

Desde mi punto de vista, estas potencias: una entrópica o destructiva, y otra antientrópica o creativa, mantienen el equilibrio de la naturaleza y de la vida misma en toda manifestación. Y es posible observarlas, o por lo menos intuir su presencia, en los diferentes estratos de la naturaleza, aun cuando sus características o cualidades sean distintas. Estos conceptos te los mostraré con mayor detalle más adelante.

Incluso el comportamiento de ambas potencias se observa en el cosmos. Por ejemplo, diversas investigaciones plantean la existencia de hoyos blancos en el universo. Científicamente son hipotéticos, es decir, aún no se demuestran a nivel material; sin embargo, sí se han generado formulaciones matemáticas para intentar comprobarlos. Éstos tienen la cualidad de emitir luz y expeler materia, mientras que los hoyos negros la absorben.[2] Desde esta perspectiva, se podría

[1] Véase Masaru Emoto, *Los mensajes ocultos del agua*, México, Alamah, 2005.

[2] Véase Shahen Hacyan, *Los hoyos negros y la curvatura del espacio-tiempo*, México, FCE, (La ciencia para todos), 2003.

decir que de dicha materia se alimentan los hoyos negros, y la fuerza entrópica y destructiva que se genera en su interior se transforma en energía, la cual, a su vez, alimenta a las estrellas y a los diferentes cuerpos celestes que componen el cosmos. De esta manera se mantiene el equilibrio entre la oscuridad y la luz, entre la destrucción y la creación, entre la vida y la muerte.

Para este mismo autor, la interrelación entre la termodinámica, gravitación y mecánica cuántica podría ser la clave para una nueva y profunda comprensión de la naturaleza.

Este libro hace un intento por interrelacionar estas teorías con el fin de ampliar nuestra cosmovisión y la comprensión del funcionamiento de nuestro universo. Te invito a seguir aventurándote en la lectura, siempre con la mente y el corazón abiertos, pues la magnitud del reto lo amerita, ya que no sólo vamos a intentar interrelacionar estas potencias de la naturaleza, sino que además aceptaremos el desafío de encontrar lo que hasta el día de hoy constituye el mayor desafío de la ciencia: el campo unificado de todas las cosas; vamos a sorprendernos al tratar de obtener respuestas para lo que los físicos consideran el más grande misterio del universo: los agujeros negros; y, además, trataremos de encontrar explicaciones para comprender el problema central de la física: la energía oscura. Te aseguro que lo vas a disfrutar.

Asimismo, te invito a que nos echemos un *clavado* en la dinámica de la mente humana para descubrir el fascinante potencial que se encuentra en ella, así como su capacidad de transformación y creación. Y con todo esto, atrevernos a utilizar las maravillosas oportunidades que el conocimiento nos otorga para realizar, literalmente, la alquimia o metamorfosis de la fuerza entrópica, caótica y destructiva que prevalece en la realidad material que enfrentamos día a día, para transformarla en un mundo pleno de amor, armonía, paz, riqueza, prosperidad y abundancia de todo lo bueno, en donde los hombres, no lo dudes, ¡volveremos a ser hermanos!

Capítulo 3

Las leyes del universo

Para poder entender el universo como el frágil pero infinitamente poderoso tejido que une todo lo creado, e incluso lo que aún no se crea, es importante conocer las leyes sobre las cuales descansa el funcionamiento y el equilibrio perfecto de la naturaleza y de la vida en toda manifestación. En este sentido, vale la pena mencionar lo que señala el prestigiado científico Michio Kaku: "Está claro que estamos en un plano regido por reglas creadas y no determinadas por azares universales."[1]

Una ley, por su propia definición, es inalterable. Sobre todo las que rigen al universo y que emergen de la mente infinita del Arquitecto universal, en tanto no están sujetas a capricho alguno ni mucho menos a corrupción. Por lo tanto, lograr conocerlas pero, sobre todo, comprenderlas, nos proporciona invaluables herramientas que es posible utilizar no sólo a nuestro favor, sino también en pro de la vida en todos sus planos de manifestación.

Antes de conocerlas, es importante que también sepas cuáles son las cualidades que los metafísicos le otorgan a Dios, a quien Aristóteles consideraba la primera causa de

[1] "El científico Michio Kaku: 'Está claro que estamos en un plano regido por reglas creadas y no determinadas por azares universales'", *Forum Libertas*, 10 de diciembre de 2013, disponible en: <http://www.forumlibertas.com/el-cientifico-michio-kaku-esta-claro-que-estamos-en-un-plano-regido-por-reglas-creadas-y-no-determinadas-por-azares-universales/>.

toda creación material, cuya mente infinita conforma el campo intangible e invisible del que procede toda manifestación de vida. Los atributos del Creador son:

- Vida.
- Mente.
- Amor.
- Verdad.
- Unidad.
- Espíritu.
- Principio.

Si te fijas, todas estas cualidades son imperceptibles e invisibles, pero podemos reconocerlas por sus efectos o manifestaciones. El último atributo de la lista precisamente hace alusión a la leyes universales que postulan los tres iniciados en *El Kybalión*.

En primer término, como ya te mencioné anteriormente, principio y ley son equivalentes, y son aquello que es inalterable, es decir, que no cambia jamás. Por ejemplo, la suma de los ángulos de cualquier triángulo siempre será de 180°; a la noche le sigue el día, así como al día le sigue la noche; el sol emite luz y calor, y el calor expande la materia, entre otros ejemplos.

De esta manera, los principios del universo son siete:

1. Principio o ley del mentalismo.
2. Principio o ley de correspondencia.
3. Principio o ley de vibración.
4. Principio o ley de polaridad.
5. Principio o ley del ritmo.

6. Principio o ley de causa y efecto.

7. Principio o ley de generación.

A continuación te describiré las cualidades o características más preponderantes de cada uno de éstos.

1. Principio o ley del mentalismo

Este principio postula que todo en el universo es mente viviente e infinita o espíritu divino, lo que hoy podría ser el campo intangible e invisible del que proviene toda la materia –tal y como afirma Higgs–, la realidad sustancial que conforma la infraestructura de todas y cada una de las manifestaciones externas o materiales, las cuales son visibles, tangibles y medibles. Estas últimas son las que conforman el universo material, la realidad externa o el plano de la relatividad, que se percibe como energía y se manifiesta como materia, y que, por lo tanto, es posible captar por medio de los cinco sentidos, pero que en esencia es un espíritu indefinible e incognoscible. No obstante, tal como lo proponen Los Tres Iniciados en *El Kybalión*, puede ser concebido como *la mente universal, infinita y viviente*.[2]

Para Los Tres Iniciados, con este principio es posible comprender la genuina naturaleza de los conceptos de energía, poder y materia, y agregan: "El que percibe la verdad de la naturaleza mental del universo puede recorrer el sendero hacia la maestría".[3]

[2] Los Tres Iniciados, *El Kybalión*, México, Lectorum, 2012.

[3] Ibídem.

Es maravilloso saber que en la mente infinita, en la mente del todo, nada se pierde, *sólo se transforma*. En su interior nos movemos y tenemos nuestro ser. Cuando logramos percibir el universo desde esta perspectiva, podemos permanecer tranquilos y colocar de nuevo alas a la esperanza al entender que una Mente Infinita nos cobija, y que a pesar de tantos errores cometidos podemos voltear hacia la luz para tomarnos de su mano y caminar bajo el resguardo de su amor, guía y protección divina.

Además, si te das cuenta, sólo con un poco de humildad podemos reconocer nuestra finitud humana y enorme limitación material, y, sobre todo, aceptar la magnificencia sin límites de la mente infinita del Padre. Lo anterior no sólo nos permite descubrir nuestra infinita grandeza interior, sino también percibir el universo y la vida misma como un don prodigioso que se renueva en cada respiración que nos entrega el Creador, envuelto como regalo en cada amanecer… como un día nuevo para estrenar. No olvides que al emerger de la Mente universal, de la mente del Arquitecto del universo, ¡te conviertes en un pensamiento divino hecho realidad! Y al estar hecho a la imagen y semejanza del Padre, también tienes la cualidad de crear, transformar y trascender. Sólo te pido que a partir de ahora actúes de manera consciente y humilde bajo la guía divina, invocando su sabiduría infinita y su amor sin parangón. Te aseguro que la diferencia no se hará esperar y te va a estremecer hasta lo más profundo de tu ser. Recuerda que hacer equipo con el Ser supremo es lo más maravilloso que podemos experimentar en nuestra existencia.

Para finalizar la explicación del principio del mentalismo, considero importante mencionar la conclusión a la que llega Ramon Marquès en su apasionante libro *Los descubrimientos estelares de la física cuántica*, después de una acuciosa y fascinante investigación, en donde refiere el concepto que tienen algunos físicos sobre el campo puro del que emerge toda la creación y que coincide asombrosamente con los postulados de Los Tres Iniciados en *El Kybalión*: "La materia está hecha de conciencia". Para él, también la esencia de la materia es la conciencia del universo… la mente infinita de Dios.

Por si fuera poco, Albert Einstein decía: "Mientras más estudio la ciencia… más creo en Dios" y "El hombre encuentra a Dios detrás de cada puerta que la ciencia logra abrir". Recuerda que para los físicos, la materia es luz aprisionada en la materia misma, y para las religiones, Dios es la luz eterna.

2. Principio o ley de correspondencia

> *Como es arriba es abajo,*
> *como es abajo es arriba.*
> Para la Cábala [el Aleph es la primera
> letra de la lengua sagrada, significa
> también] la ilimitada y pura divinidad;
> también se dijo que tiene la forma de un
> hombre que señala al cielo y a la tierra,
> para indicar que el mundo inferior es el
> espejo y es el mapa del superior.
> JORGE LUIS BORGES

Este principio hace alusión a la existencia de una correspondencia en todos los planos de la creación. Sin embargo, mientras más elevado es el plano de la existencia, más complejas son la experiencias y más grande el cúmulo de poderes o de

acción. Este principio marca la evidencia de la correspondencia entre las leyes y los fenómenos de los diversos planos de la
existencia y de la vida.

Desde la física cuántica, el principio de Huygens –el cual
hace referencia a la visión holográfica– señala que *el todo* se
encuentra en un solo punto: "Cada uno de los puntos de un
frente de ondas puede considerarse como una nueva fuente fundamental de ondas".[4] Es decir, un solo punto contiene
la información del todo. Por ejemplo, una diminuta gota de
agua, que si bien no es el océano, sí refleja las características
generales de éste; o una pequeña gota de sangre, que contiene la información completa del organismo al que pertenece.[5]

De tal manera que es posible conocer el comportamiento
del universo a partir de la comprensión de un segmento de la
vida, por medio de la extrapolación que ampara el principio de
correspondencia. De hecho, con los conocimientos y las experiencias que nos han aportado la investigación, estructuración
y aplicación de la Psicología Cuántica y del Espíritu®, Psicelogía, es que nos es posible emprender esta maravillosa aventura
para intentar comprender cómo funciona el universo.

Al lograr entender cómo trabaja la mente y cómo es su
dinámica, así como establecer sus niveles, sus potencias y la
interacción de cada uno de éstos con los diferentes estratos
de nuestra naturaleza, sorpresivamente encuentro una gran
similitud con el comportamiento del universo. Tal es el caso
de lo que se considera su mayor misterio: los agujeros negros,
el colapso de las estrellas, el surgimiento de otras, etcétera, y

---

[4] Véase Ramon Marquès, *El primer vistazo*, Barcelona, Ediciones y
distribuciones Vedrá, 2014.

[5] Véase Raquel Levinstein, *Pasaporte a la Dimensión de los Milagros*,
México, Panorama, 2015.

las maravillas de la vida en diferentes planos de expresión. Más adelante vamos abordaremos estos fascinantes temas. En este momento basta con saber que el principio de correspondencia, uno de los más relevantes, nos permite deambular en el universo y, con un poquito de atención, descubrir los misterios que éste encierra, ya que éstos serán revelados sólo para aquél que tenga *ojos para ver.*

3. Principio de vibración

> Nada descansa, todo se mueve,
> todo vibra.

Este principio postula que todo está en movimiento, todo vibra y nada se encuentra en reposo. Asimismo, las diferencias entre las distintas manifestaciones –de la materia, de la mente y del espíritu– son en gran parte el resultado o la consecuencia de las frecuencias vibratorias. Es decir, mientras más alta es la frecuencia vibratoria, más elevada es la posición en la escala de la vida.

Para ilustrar este principio, te comparto una reflexión que se le atribuye a Anaxágoras:

> Dios duerme en la roca.
> Despierta en la naturaleza.
> Se hace consciente en el animal.
> Y divino en el hombre.

La diferencia entre cada expresión del Ser supremo estriba en la frecuencia vibratoria de cada manifestación.

Los Tres Iniciados señalan que quien comprende el principio de vibración tiene *el cetro de poder* en sus manos. Esto nos da la pauta para saber que gracias a nuestra semejanza con el Creador del universo, de cuya mente infinita emana toda la creación, es posible ser cocreadores con Él.

Elevar el nivel de frecuencia vibratoria de nuestros pensamientos y sentimientos posibilita transformar la realidad material e incluso conquistar o manipular los fenómenos naturales. No permitas que nuestras creencias limitantes nos mantengan atados a la fuerza entrópica, caótica o destructiva de la materia, a la cual por inconsciencia e ignorancia hemos fijado nuestra atención, dejando de lado nuestra enorme grandeza interior y la fuerza del Espíritu divino, que es el aliento que hace latir el corazón, y se manifiesta con su particular y deslumbrante belleza en cada segmento de vida.

Los pensamientos de frecuencia vibratoria muy elevada, que son inspirados por el amor y la gratitud, son como ángeles que nos elevan hasta el campo primordial: el corazón mismo del Padre; mientras que los de frecuencia vibratoria más densa, como los que son alentados por el resentimiento, el miedo, los celos, la envidia y las demás *chuladas* de la inconsciencia, nos anclan a la fuerza entrópica o destructiva de la materia, es decir, literalmente nos jalan y arrastran hacia el caos, la devastación y la muerte, tal como lo experimentamos hoy en día.

Dicen Los Tres Iniciados: "La vibración del espíritu se encuentra en un rango de intensidad y rapidez infinitas […], que parece que se encuentra en reposo".[6] Un ejemplo material para ilustrar este concepto sería la hélice de un helicóptero, que

---

[6] Los Tres Iniciados, *op. cit.*

cuando comienza a girar es visible y emite sonidos; cuando incrementa su velocidad emite colores y, finalmente, mientras más alta es ésta última, y por ende su frecuencia vibratoria, parece hacerse invisible al ojo humano. Los Tres Iniciados también mencionaron: "Desde el corpúsculo y el electrón, el átomo y la molécula, hasta los mundos y los universos, todo está en moción vibratoria. También abarca los planos de energía y fuerza, que vienen a ser grados diversos de vibración".[7]

Este principio, como cada uno de los que conforman las leyes herméticas o principios espirituales, cobra gran relevancia, en tanto que la interacción entre el campo invisible e intangible de la creación, y el campo visible y tangible que conforma la realidad material, se realiza mediante frecuencias vibratorias. Y si los pensamientos, según los postulados de los teóricos de la física cuántica, tienen un impacto determinante sobre la materia, saber elevar la frecuencia vibratoria de éstos nos abre una ventana de infinitas posibilidades para realizar cambios sustanciales en nuestro entorno e incluso en el universo mismo.

4. Principio o ley de polaridad

Este principio afirma que: "Todo es dual. Todo tiene polos. Todo tiene su opuesto. Los opuestos son idénticos en naturaleza, pero diferentes en grado. Los extremos se encuentran. Hay dos lados para todo. Las paradojas pueden ser reconciliadas". Significa que los opuestos, o lo que parece contrario, no son más que el extremo de la misma cosa. Desde esta perspectiva,

[7] Ibídem.

podemos dar pie a la comprensión de las dos fuerzas o potencias que prevalecen en el universo: luz y oscuridad; día y noche; frío y calor; amor y odio; enfermedad y salud; carencia y abundancia, etcétera. Son iguales en esencia, pero distintas en grado.

Bajo este principio también es factible entender las implicaciones y la importancia de la termodinámica en el plano material, la cual por medio de la degradación o destrucción de un sistema de energía, genera otro de mayor complejidad, manteniendo así el equilibrio en la naturaleza. De igual manera, en la dinámica y en las potencias de la mente encontramos una fuerza entrópica que tiende hacia la destrucción y la muerte, y otra que tiende hacia la vida. Una que por la densidad de la vibración de algunos pensamientos y sentimientos nos ancla a dicha fuerza caótica de la materia, y otra que mediante la frecuencia vibratoria de altísimos niveles nos permite acceder a la Dimensión de los Milagros en el aquí y el ahora, a la mente infinita del Padre, el campo primigenio que es invisible e intangible para los sentidos físicos.[8]

En el universo podemos observar este principio en la sincronía de las estrellas con su contraparte invisible que tiene origen en la actividad de los agujeros negros, los cuales se forman, en algunos casos, por el colapso gravitacional de una estrella y absorben la materia que resulta de este hecho; a su vez, mediante la intensa actividad entrópica que se genera en su interior logran emitir energía que alimenta la vida de las estrellas, así como la de diferentes cuerpos celestes.

Bajo la mirada de este principio o ley universal podemos entender que los opuestos son los extremos de una misma

[8] Véase Raquel Levinstein, *op. cit.*

cosa, con variabilidad en grados y, de manera especial, con energía o frecuencia vibratoria diferentes: una entrópica y destructiva que surge del colapso de onda de la luz, y una antientrópica que se alimenta de la energía entrópica para surgir en un nuevo sistema de energía más complejo.

La interacción de ambas potencias mantiene en equilibrio al universo, a la naturaleza en toda manifestación y a la mente humana. Sólo que en este caso el libre albedrío, del cual gozamos, influye para mantener o romper dicho equilibrio. Más adelante abordaremos con más detalle el funcionamiento de nuestra mente y el infinito potencial de posibilidades que nos otorga el conocimiento de su dinámica particular.

Eliphas Lévi explicó el principio de polaridad en *El libro de los esplendores*, en la sección de El Idra Suta o el Gran sínodo, cuando señaló que: "La imagen divina es doble: tiene la cabeza de luz y la cabeza de sombra […]. La cabeza de luz sopla creaciones siempre nuevas; la cabeza de sombra sopla la destrucción y el incendio". Por su parte, Niels Bohr, un gran hombre de ciencia y físico de bastante renombre, además de premio nobel de física, señaló que: "Sin paradoja no hay progreso", entendiendo esto como lo que Los Tres Iniciados expusieron en *El Kybalión* con respecto a que los contrarios en esencia son lo mismo, es decir, que las paradojas se pueden reconciliar… se deben reconciliar.

5. Principio o ley del ritmo

Los Tres Iniciados señalaron: "Todo fluye, fuera y dentro; todo tiene sus mareas; todas las cosas suben y bajan; la oscilación del péndulo se manifiesta en todo; la medida de la oscilación hacia la derecha es la misma que la oscilación hacia la izquierda; el ritmo compensa".

Este principio nos muestra que en todas las manifestaciones del universo –entre las que están soles, estrellas, agujeros negros, mundos, naciones, sistemas, hombres, animales, mente, energía o materia– se presenta un flujo y un reflujo semejante a la marea; una elevación y un hundimiento; un avance y un retroceso.

Quizás el ejemplo más representativo de este principio lo encontramos en el comportamiento de las estrellas y de los agujeros negros, en donde la destrucción de las primeras propicia el surgimiento de los segundos, y en algunos casos el colapso de éstos da origen a las estrellas supernovas.

En cuanto al concepto de que *todo lo que sube tiene que bajar*, y viceversa, en el ámbito humano es posible ilustrarlo con la sentencia bíblica que señala lo siguiente: "Los humildes serán ensalzados, y los soberbios serán humillados".

No obstante, aun cuando resulta imposible nulificar este principio o cualquiera de los otros, en tanto que son leyes inalterables sobre las cuales se encuentra estructurado el funcionamiento del universo, sí es posible aplicar la ley mental de neutralización –de la cual hablaremos más adelante– para evitar sus efectos destructores y para aprender a usarlo de manera beneficiosa en vez de convertirse en víctimas de él. Sí es posible realizar alquimia mental, e incluso utilizar las leyes a nuestro favor.

Seguramente, has percibido esta ley o principio de manera inconsciente en tu vida diaria. ¿Te has dado cuenta que después de una buena racha, generalmente aparece otra de adversidades y viceversa? Esto ocurre a tal grado que en muchas ocasiones nos invade el miedo cuando comenzamos a experimentar cosas positivas que nos proporcionan felicidad y dicha. En este sentido, el refrán popular que afirma: "No hay bien que por mal no venga", y su contraparte: "No hay mal que por bien no venga", reflejan lo que se percibe en la vida cotidiana, y que no es otra cosa que la manifestación de la ley del ritmo.

No obstante, los Tres Iniciados dicen que si bien no es posible nulificar o pasar por alto ninguno de los siete principios del universo, sí es posible utilizarlos a nuestro favor. Incluso en el caso del principio del ritmo sí se puede evadir la fuerza entrópica o destructiva que se manifiesta cuando se presenta el retroceso del péndulo. Esto puede ocurrir si se utiliza a nuestro favor otro principio, como podría ser el de vibración o elevación de la frecuencia vibratoria de nuestros pensamientos.

También es admisible usar el principio de causa y efecto, que a continuación vamos a estudiar, procurando hacer de nuestra causa la primera o la mente divina de donde surgen los pensamientos de Dios, los cuales son alentados por el amor y la gratitud, y fluyen a favor de la vida, por lo que todo acontece en perfecta armonía y siempre para bien.

6. Principio o ley de causa y efecto

> Toda causa tiene su efecto; todo efecto
> tiene su causa; todo sucede de acuerdo
> con la ley; la casualidad no es más que un
> nombre que se le da a una ley que todavía
> no se conoce. Hay muchos planos de
> causalidad, pero nada se escapa a la ley.

Esta ley nos explica que hay una causa para todo efecto, razón por la que no existe la casualidad.

No obstante, según los iniciados de *El Kybalión*, existen varios planos de causa y efecto, y para que uno deje de ser una simple pieza de ajedrez que es movida por los vendavales de la vida, además por la sugestión, las creencias, la herencia, etcétera, nos dicen que es posible lograr la elevación hasta los niveles de causación más encumbrados, es decir, hacer de nuestra causa los pensamientos y los propósitos del Eterno, los cuales por su propia naturaleza siempre estarán a favor de la vida.

Recuerda las palabras que decía Aristóteles: "La primera causa es Dios". Y si tú eliges como primera causa los pensamientos del Creador –aquéllos que son inspirados por el amor, la gratitud, el bien o la bondad–, y conduces tus acciones al servicio y a favor de la vida en toda manifestación, puedes tener la certeza de que los efectos siempre serán para bien y muy superiores a lo que incluso pudieras imaginar.

7. Principio o ley de generación

> El género está en todo; todo tiene su
> principio masculino y femenino; el género
> se manifiesta en todos los planos.

Esta ley señala que los principios masculino y femenino se encuentran funcionando en todos los planos de existencia; tanto en el plano físico como en el mental, e incluso en el espiritual. Este principio, según los Tres Iniciados, trabaja con el objetivo de generar, regenerar y crear. Toda materia y toda persona contienen los dos elementos o principios, es decir, lo masculino y lo femenino. Por ejemplo:

- En la materia:

  - Los elementos o partículas con carga positiva (+) corresponden al género masculino.
  - Los elementos o partículas con carga negativa (-) corresponden al género femenino.

- En la mente:

  - El pensamiento tiene connotación masculina.
  - El sentimiento tiene connotación femenina.
  - La mente consciente es de índole masculina.
  - La mente inconsciente es de índole femenina.[9]

Más adelante vamos a correlacionar todos y cada uno de estos principios con el funcionamiento del universo y, de

[9] Conny Méndez, *El nuevo pensamiento*, Barcelona, Giluz, 2013.

manera especial, con la dinámica de la mente humana, cuya comprensión de su comportamiento y potencial nos abre de forma literal las puertas del paraíso de par en par, para instalar en este plano material el Reino de los Cielos, en donde todas las cosas fluyen para bien. Éste vendría a ser el campo vibratorio más encumbrado, con el cual es posible engarzarnos con la fuerza creadora del universo, la primera causa, la cabeza de luz de Dios. Mediante nuestros pensamientos más bellos y los sentimientos más nobles, te aseguro que el panorama oscuro que enfrentamos –la noche del alma que parece no tener fin– podremos aprovecharlo con el conocimiento y las herramientas que nos proporcionan estos principios, al aplicarlos a nuestra realidad cotidiana en cada uno de los ámbitos en los que nos desenvolvemos.

Capítulo 4

El mayor reto de la ciencia: el campo unificado de todas las cosas

El acceso a las artes, la cultura y la ciencia, alimenta y enriquece el espíritu porque nos permite conquistar nuestra verdadera e infinita dimensión humana. Considerando esto y los conocimientos que hemos adquirido hasta este momento, con profunda humildad y absoluto respeto, te invito a incursionar en lo que los físicos consideran el mayor reto de la ciencia: el campo unificado de todas las cosas. No olvides que hasta este momento, nuestro mapa o guía de seguimiento está confeccionado con postulados de gran relevancia de las siguientes áreas de conocimiento humano:

- *Filosofía.* Esta disciplina busca, por medio del uso de la razón, las respuestas y explicaciones sobre el funcionamiento del universo, los misterios de la naturaleza y de la vida misma en toda manifestación.
- *Metafísica.* Como su nombre lo indica, este campo del conocimiento busca ir más allá de la física y nos permite tener acceso al polo opuesto de la realidad material. Con ello, intenta ampliar nuestro conocimiento hasta los terrenos de lo intangible e invisible para los sentidos físicos. Hoy se ha demostrado científicamente que este terreno es la fuente de donde proviene toda creación material.
- *Principios herméticos o leyes universales.* Sobre estos postulados, sepámoslo o no, está sustentado el universo.

La Psicología Cuántica y del Espíritu®, hoy Psicelogía, surge de experiencias humanas como el proceso de recuperación de los Alcohólicos Anónimos, en el que la espiritualidad es un factor determinante. Este proceso me condujo a una amplia y seria investigación, que se ha mantenido vigente a lo largo de más de 35 años, y que abarca diferentes campos del conocimiento humano. Los resultados obtenidos de dicha investigación nos permiten entender la dinámica y las potencias o fuerzas que confluyen en la mente, así como sus tendencias. De manera especial, también posibilita el conocimiento de la asombrosa semejanza de la mente con el funcionamiento del universo (esta analogía se ejemplifica con el principio: *como es arriba, es abajo*). Lo anterior nos ha permitido establecer un puente entre física y metafísica; entre la ciencia y la espiritualidad; entre la materia y el espíritu; y entre la nada y la eternidad.[1]

Con todo este bagaje de información adquirido hasta aquí, te invito a echarnos un *clavado en el polo opuesto*, es decir, acceder al mundo de la relatividad o realidad material para intentar incursionar en los misterios de la naturaleza y del universo mismo. Pero, antes de aventurarnos, recordemos dos grandes principios de la física: *la materia es luz encapsulada y la energía no se crea ni se destruye, sólo se transforma.*

Ahora sí, con estos principios grabados en la mente, aventurémonos a intentar responder lo que hasta el día de hoy se considera el mayor reto de la ciencia. Como ya hemos mencionado, la estructuración del campo unificado de todas las cosas constituye para muchos científicos el mayor reto de

---

[1] Véase *Pensando en ti, Dile adiós al sufrimiento, Pasaporte a la Dimensión de los Milagros, El poder de la oración* y *El perdón, una onda cuántica de libertad*, todas obras de Raquel Levistein, publicadas por Panorama.

la física actual; incluso sabemos que con este mismo fin, Albert Einstein ocupó los últimos 30 años de su vida tratando de integrar las cuatro fuerzas del universo.

Hasta la fecha, mediante la teoría cuántica, sólo se han conjuntado las primeras tres, las cuales son: la fuerza fuerte, la débil y la electromagnética. La cuarta fuerza, que corresponde a la gravedad, aún no ha podido ser integrada a las anteriores. Ahora bien, antes de aventurarnos a conjuntar estas fuerzas o potencias del universo, es importante, conocer en qué consiste cada una.

- La fuerza nuclear fuerte propicia que los núcleos formados por protones y neutrones, mismos que a su vez están formados por *quarks*, se mantengan unidos. Es importante mencionar que para que la unión de ambos núcleos se lleve a cabo, debe permanecer el color blanco,[2] cuya frecuencia vibratoria es muy elevada. Esta fuerza es mucho más potente que la electromagnética, pero tiene un alcance muy corto.
- La fuerza nuclear débil actúa a nivel de los núcleos atómicos y es aproximadamente 10 mil millones de veces más débil que la electromagnética. Es la responsable de que los *quarks* y los leptones decaigan en partículas más livianas; además, produce el proceso de desintegración de los núcleos y partículas atómicas. Su alcance es menor que la fuerza de interacción fuerte.
- La fuerza electromagnética es 100 veces más débil que la fuerte; puede ser de carga positiva (+) o bien de carga

[2] Véase la Biblia y Raquel Levinstein, *Dile adiós al sufrimiento*, México, Panorama, 2016.

negativa (-) y equivale a campos electromagnéticos, mismos que mediante un intercambio de fotones atraen o rechazan a las partículas cargadas con electricidad. En sí, actúa como medio de atracción para formar nuevos elementos químicos. A gran escala es responsable de fenómenos tan importantes como la corriente eléctrica en la fase de atracción, pues propicia la propagación de la luz; y además, en la fase de desintegración, da origen a las señales de radio y televisión, y a los avances tecnológicos que nos sorprenden día con día.

- La fuerza de gravedad, contrario a lo que se esperaría y de manera paradójica, es extremadamente débil. Su intensidad es miles de millones menor que la interacción o fuerza nuclear débil. No obstante, en grandes acumulaciones de partículas o cuerpos de gran densidad o masa, llega a tener un efecto descomunal, a tal grado que la fuerza gravitatoria de la masa interna de una estrella que colapsa puede dar origen tanto a los agujeros negros como a las estrellas de neutrones. Los físicos advierten que el alcance de esta fuerza no conoce límite alguno.

Ahora vamos a tomar en consideración los planos, mundos o campos en los que actúan estas fuerzas. Éstos son absoluto, cuántico, relativo o material y el que corresponde a la mente humana.

El plano absoluto compete al campo invisible e intangible del que proviene toda la creación. Para los físicos corresponde al campo de Higgs, mientras que para los metafísicos pertenece a la mente cósmica, que en sí es forma, esencia, energía y sustancia.

El campo cuántico corresponde al mundo subatómico, en el que las partículas más diminutas de la materia, mejor conocidas como *quarks*, adoptan la función de onda en el campo intangible e invisible en un continuo proceso de creación y destrucción o desintegración. Mediante el colapso de la onda, cada complejo se comporta como partícula en el campo material, con escalas muy sutiles de frecuencia vibratoria. Esta interacción cuántica se genera de la siguiente manera:

- Función de onda de Schrödinger, ocurre cuando los *quarks* desaparecen de la percepción de los sentidos físicos y penetran en el campo invisible e intangible del que surge toda manifestación material.
- Colapso de la función de onda mediante un efecto de frenado gravitacional, ocurre cuando los *quarks* actúan como partículas en la realidad material microscópica y éstas pueden ser percibidas en su posición, velocidad y diversas variables inherentes al mundo de la relatividad o material.

En este campo cuántico o subatómico fluye la corriente o fuerza electromagnética con lo que queda demostrado contundentemente que las ondas y las partículas en esencia son lo mismo, sólo que con diferente *momentum*: la luz que se transforma en materia y la materia que retorna a la luz.

En estos procesos en los que la luz se transforma en materia y ésta retorna a la luz, destacan la ley de polaridad y la ley del ritmo, cuyos postulados son: *los opuestos son lo mismo* y *lo que va, regresa*, respectivamente.

Y es así como, dependiendo de la frecuencia vibratoria, la onda se convierte en partícula, y la energía en materia, y el pensamiento en expresión material. Así, podemos percibir que ambos polos en esencia son lo mismo y que lo que de la luz viene, tiene que retornar a ella.

En el campo de la relatividad o realidad material, las acumulaciones de partículas dan origen a la materia en el campo macroscópico. Es en éste donde actúa la fuerza de gravedad, la cual, en primera instancia y tal como lo señala Albert Einstein, curva el espacio y ejerce una poderosísima fuerza de atracción. También es un factor para la desintegración o destrucción de la materia misma.

Llama la atención que la fuerza de gravedad es la más débil de todas las fuerzas, pero logra convertirse en la de mayor alcance y potencia. ¿A qué te suena esto? ¿No es acaso la manifestación perfecta de la ley de polaridad? ¡Sí!: los extremos son lo mismo pero en diferente grado; lo más débil puede convertirse en lo más fuerte; lo visible en invisible y viceversa.

En la mente humana también actúan dos fuerzas o potencias. La primera corresponde a la frecuencia vibratoria de los pensamientos, sentimientos y emociones más bellos, generosos y nobles, es decir, los que van a favor del amor y la vida. La frecuencia vibratoria que se produce es muy encumbrada y nos permite conectarnos o religarnos con la fuente generadora de toda vida, con el Espíritu Divino, o como cada quien pueda concebirlo. Con esta fuerza, todas las cosas fluyen para bien en nuestra realidad material, ya que *como es adentro, es afuera*, y *como es en la mente, es en la realidad material*.

La otra potencia se caracteriza por los pensamientos, sentimientos y emociones destructivos, alentados por el miedo, el resentimiento, la culpa, la mezquindad, el egoísmo y otras *chuladas* de la inconsciencia.

Mediante esta potencia nos conectamos con la fuerza oscura de la inconsciencia, en donde prevalece *la noche de la mente*. En este nivel o actividad de la mente, los pensamientos, sentimientos y emociones son dañinos y entrópicos; además de que la frecuencia vibratoria resultante es muy densa. Por la ley de atracción, esta potencia nos mantiene anclados a la fuerza caótica y destructiva de la materia en donde prevalece el dolor, la carencia, la enfermedad y el sufrimiento. Por la ley de correspondencia, si en nuestra mente prevalece la dualidad, el caos, la hostilidad y la destrucción, nuestra realidad material también se vuelve caótica, entrópica y, por lo tanto, también destructiva. ¿Encuentras alguna similitud con la vida real?

Ahora bien, no olvides que todos los fenómenos de la naturaleza y del universo mismo se desarrollan en la mente infinita del Padre, el absoluto, en donde nos movemos y tenemos nuestro ser.

Tampoco olvides que, bajo el principio de correspondencia, podemos extrapolar lo que acontece en el mundo subatómico a la naturaleza, a los astros y a cualquier segmento o manifestación de vida en el mundo relativo, incluso en la mente humana. Lo que hace la diferencia es el nivel de frecuencia vibratoria. ¿Recuerdas la sentencia de los iniciados de *El Kybalión*?: "Aquél que entiende el principio de vibración ha afianzado el cetro del poder".

Como podrás darte cuenta, en todos los planos de la existencia, desde el mundo subatómico que corresponde a las partículas más diminutas de la materia, la esfera de la relatividad y hasta la dinámica de la mente, se observa el proceso de construcción, regeneración, creación y desintegración o destrucción. En todos los planos es posible observar también la interacción de la luz y la oscuridad, la atracción y el rechazo, la construcción y la destrucción.

Con estos datos podemos concluir que la fuerza fuerte, que propicia la atracción y fusión, así como la fuerza débil, la cual incita al rechazo y a la desintegración, actúan en todos los planos de la existencia, dando origen a la fuerza electromagnética en el mundo cuántico, y a la fuerza de gravedad en el mundo de la relatividad.

En la mente humana los procesos creativos conducen al bienestar y a la estabilidad física y emocional, mientras que los procesos destructivos llevan a la enfermedad, la neurosis, la depresión y a las adicciones. Recordemos que los pensamientos, los sentimientos y las emociones tienen un fuerte impacto sobre la realidad tanto interior como exterior. Lo que hace la diferencia en cada caso es la frecuencia vibratoria, la cual va desde la más sutil hasta la más densa.

Lo que hasta aquí se ha expuesto nos invita a recordar que toda creación emerge de un campo invisible e intangible identificable con la conciencia divina o la mente de Dios, que es la esencia de todas las cosas creadas o materiales, las cuales podemos captar por medio de los cinco sentidos y que, en el plano de la relatividad, son visibles, tangibles, medibles y cuantificables. Y así como con la corriente electromagnética que ha sido profundamente estudiada, investigada y experimentada. Se ha concluido que las ondas y las partículas que la integran en esencia son lo mismo pero en momentos diferentes y, desde luego, con frecuencias vibratorias diversas, también podemos adelantar que en cada plano o estrato de la existencia, lo que corresponde al campo visible y tangible, es lo mismo que lo que se encuentra en el campo intangible e invisible, sólo que con características de manifestación diferentes.

Ahora bien, mediante la aplicación del principio de polaridad en el que se plantea que *los extremos son lo mismo*, y del principio del ritmo, el cual postula que *todo lo que va, regresa* y que *todo lo que sube, baja*, podemos deducir que las fuerzas o interacciones de las potencias del universo en esencia son lo mismo, pero corresponden a frecuencias vibratorias diferentes, y por lo tanto, también a complejos de energía y manifestaciones materiales distintas.

Tengamos presente que tanto el campo cuántico o subatómico, en el que fluye la fuerza electromagnética, así como el campo o mundo de la relatividad, en el que se observa la interacción de la fuerza de gravedad, son el producto de la interacción de la fuerza fuerte cuando actúan como atracción y generación de materia, y de la interacción de la fuerza débil cuando entran en acción con el proceso de rechazo o de desintegración de la materia.

En el campo cuántico, el proceso de desintegración se efectúa mediante la función de onda propuesta por Schrödinger. Ésta ocurre cuando las partículas se despojan de toda carga material para retornar al campo intangible e invisible, ahí son transformadas en un nuevo y más complejo sistema de energía para entonces regresar al campo de la relatividad. Los físicos señalan *que son las mismas, pero ya no son las mismas*, y a esto se le conoce como *salto cuántico*.

En el campo o mundo de la relatividad, en donde destaca la interacción de la fuerza de gravedad, observamos también un proceso similar que consiste en la interacción de la fuerza fuerte, en donde se observa el proceso de atracción o creación, en el cual actúa la fuerza antientrópica o creativa.

En el mundo de la relatividad también se puede observar la interacción de la fuerza débil, en donde se observa el proceso de desintegración que se genera por la acción de la entropía o fuerza destructiva. Este proceso podría ser equivalente a la función de onda propuesta por Schrödinger, sólo que a nivel macroscópico.

Ahora bien, desde mi punto de vista, los elementos masculino y femenino que dan origen a la generación, regeneración y creación, tanto en las partículas más diminutas o *quarks* como en todas y cada una de las manifestaciones de la materia –que corresponden al mundo de la relatividad o realidad material macroscópica–, son:

- Carga positiva = elemento masculino.
- Carga negativa = elemento femenino.

La fuerza o interacción fuerte, que obliga a los núcleos de las partículas a permanecer unidos, corresponde al polo positivo en donde se ejerce la fuerza creadora o antientrópica: *la cabeza de luz de Dios*.

La fuerza o interacción débil, que corresponde al polo negativo, es llamada *la cabeza de sombra de Dios*, la cual da origen a la fuerza destructiva o entrópica que propicia la desintegración de la materia para propiciar la liberación de la luz y el retorno de ésta al campo invisible e intangible que corresponde al absoluto.

En la mente humana, el pensamiento corresponde al elemento masculino, mientras que el sentimiento al femenino; la mente consciente se identifica con lo masculino, y la inconsciente con lo femenino.

Mientras que la fuerza o interacción electromagnética es el producto de la fuerza fuerte y de la fuerza débil, la fuerza de atracción favorece la formación de nuevos elementos químicos, propaga la luz, genera corriente eléctrica invisible, y en la fase de destrucción o desintegración produce señales de radio y televisión.

De manera similar a como ocurre con la mente, la acción de atracción o rechazo que funciona como un imán, propicia también la resonancia vibratoria o campo morfo-genético, que en sí mismo es un campo o mapa energético,[3] que atrae o rechaza según la carga positiva (+) o negativa (-) de las partículas. Y dependiendo de una u otra, se manifiesta el polo positivo o el polo negativo de la creación.

Coincidiendo con Empédocles, me atrevo a afirmar que el amor y todo lo que éste genera, constituye una fuerza de atracción de todo lo bueno; mientras que el odio –y aquello que genera como violencia, caos y destrucción–, ejerce una fuerza de rechazo o desintegración, y atrae personas y circunstancias de índole negativa, causa dolor y sufrimiento. Recordemos que el doctor Emoto, en su libro *Los mensajes ocultos del agua*, muestra gráficamente el impacto de estas dos emociones en la integración o desintegración de las moléculas del agua. Tampoco dejemos de lado el hecho de que tanto en nuestro cuerpo como en nuestro planeta, el agua ocupa un gran porcentaje.

También podemos observar que en todos los campos o segmentos de vida posibles se manifiestan los siete principios o leyes universales, sólo que en diferentes frecuencias vibratorias o campos de energía, las cuales logran manifestaciones materiales visibles y tangibles de diferente complejidad. Los principios son los siguientes:

[3] Véase Rupert Sheldrake, *Una nueva ciencia de la vida. La hipótesis de la causación formativa*, Barcelona, Kairós, 2011.

1. *Todo es mente.* Este principio coincide con la mente infinita o conciencia cósmica (llamada así por los metafísicos), o con el campo primigenio o cuántico (denominado así por los físicos). El campo cuántico es invisible e intangible, y es donde la corriente electromagnética viaja en forma de onda, la cual es reconocida como el campo de Higgs, del que, a través del bosón de Higgs, emerge todo lo que podemos captar por medio de los cinco sentidos en el plano material.

2. *Correspondencia.* El principio sostiene que *como es arriba, es abajo.* Esto quiere decir, que lo ocurre en el mundo subatómico o cuántico también pasa a nivel de la naturaleza, en el plano de la relatividad, en la mente humana, en los astros, en el universo y en cualquier manifestación de vida.

3. *Vibración.* El principio afirma que todo vibra. Los pensamientos y las emociones lo hacen en la esfera de la mente, mientras que en el campo cuántico o subatómico, las partículas más diminutas lo hacen mediante la función de onda. En el mundo de la relatividad se vibra mediante un proceso entrópico o destructivo, y se generan diversas frecuencias que posibilitan acceder al campo invisible o Dimensión de los Milagros.[4] Salir de ese campo o manantial infinito, fuente generadora de toda manifestación material, y lograr transformar el mundo de la relatividad, requiere del movimiento de los complejos vibratorios que permiten a la energía convertirse en materia y a la materia en energía. Recordemos la famosísima

---

[4] Véase Raquel Levinstein, *Pasaporte a la Dimensión de los Milagros,* México, Panorama, 2015.

ecuación de Albert Einstein, la cual nos lleva al centro de la creación y transformación: $E = mc^2$.

4. *Ritmo.* Este principio afirma que *lo que sube, baja; lo que baja, sube,* y *lo que va, regresa.* Por tanto, lo que sale de la luz tiene que regresar a ella. Si ésta se encuentra aprisionada en la materia, puede ser liberada mediante la fuerza entrópica o destructiva, y así, surgir en un nuevo sistema de energía de mayor complejidad y también en una nueva forma. Lo que nace, crece y desaparece, para después transformarse –mediante un campo vibratorio– en una nueva energía, en un sistema más complejo y más evolucionado. En este momento las partículas o *quarks,* despojados de toda carga material, regresan a la luz, al absoluto o campo primigenio invisible e intangible. Después retornan al mundo de la relatividad, visible y tangible para formar un nuevo y más complejo sistema de energía y forma. Así es como se alienta un proceso de continua transformación y evolución. En la mente y campo de acción humana se dice: "Lo que siembras, cosecharás", incluso lo que haces a otro o pides para los demás, te regresará multiplicado. No olvides que todo lo que sale tiene que regresar a su origen.

5. *Polaridad.* Este principio afirma que los extremos son lo mismo, es decir, los opuestos se tocan. Bajo el amparo de esta ley universal y con el análisis realizado hasta este momento, podemos deducir que tanto la fuerza electromagnética como la fuerza de gravedad son lo mismo pero que están en polos, grados o frecuencias vibratorias diferentes. La fuerza electromagnética corresponde al segmento subatómico o cuántico en donde la frecuencia vibratoria de las partículas más diminutas de la materia

o *quarks* es muy sutil. Mientras que la fuerza de gravedad corresponde al mundo material, que coincide con
el de la relatividad, en donde la frecuencia vibratoria de
las partículas es muy densa.

En ambos casos, desde mi punto de vista, tanto en
la fuerza electromagnética como en la fuerza de gravedad, el proceso entrópico o destructivo (fuerza débil)
corresponde a la función de onda propuesta por Schrödinger, solamente que en diferentes frecuencias o complejos vibratorios, mismos que pertenecen a una acción
desintegradora.

En los procesos de creación (fuerza fuerte) y de desintegración o destrucción (fuerza débil), observamos los
dos extremos o polos, en los que interactúan ambas fuerzas, y así se alternan los procesos de creación, destrucción y regeneración.

6. *Causa y efecto.* Recordemos que para el filósofo griego
Aristóteles no existe generación espontánea, todo tiene
una causa. Para él, la primera causa es Dios, mente divina, campo o fuente primigenia de toda creación, es decir, el absoluto. Por otro lado, desde la perspectiva de la
física, Werner Heisenberg postuló en 1927 el principio de
indeterminación o de incertidumbre, el cual señala que
las partículas pueden ser observadas, medidas y cuan-
tificadas en el plano material, o bien, pueden ser consi-
deradas como ondas en el campo invisible e intangible
de donde emerge toda creación material. No se puede
conocer simultáneamente el *momentum* y la posición
de una partícula, misma que desaparece al ojo humano
cuando penetra al campo invisible e intangible, conocido como Campo de Higgs.

Con estas observaciones es viable conceptualizar que la primera causa de toda creación es la mente infinita, la mente de Dios, la cual, a través de complejos vibratorios particulares que se manifiestan como energía, da origen al campo invisible e intangible que es un segmento del absoluto, y también al campo relativo o material. No se te olvide que el pensamiento tiene un fuerte impacto en ambos escenarios de la creación, al igual que en las diferentes variables generadas en la materia, como pueden ser: el clima, el tiempo, la distancia, la profundidad, la velocidad, entre otras.

Generación o creación

Con los conceptos que hasta aquí se han expuesto, podemos entender que los elementos masculino y femenino constituyen la base de toda creación en cualquier segmento de manifestación de vida. Porque dan origen al proceso de atracción, fusión o creación, que es cuando interactúa la fuerza fuerte, mientras que el proceso de separación o desintegración de la materia, la cual se convierte en energía, da origen a la interacción de la fuerza débil. Para ilustrar lo anterior, como ejemplos de estas fuerzas en la mente y en la conducta humana están las siguientes frases: "Te amo", que significa atracción y unión; "Te odio", que implica repulsión y desintegración.

Sin embargo, como ahora sabemos, estas dos posturas no son más que los extremos o polos opuestos de lo mismo, y como dice el refrán: "Donde hubo fuego, cenizas quedan". Hago alusión a esta característica distintiva de la conducta humana para resaltar la importancia que tiene este conocimiento en la actualidad; cuando como humanidad enfrentamos una noche oscura que parece no tener fin, surge la esperanza de poder utilizar la fuerza entrópica o destructiva, que prevalece en nuestra realidad material, y que genera descomunales cargas de dolor y sufrimiento. Esto ocurre para forjar un nuevo y más complejo sistema de energía, es decir, un mundo, una tierra nueva en la que prevalezca el amor, la unión y todas las cosas buenas que podamos imaginar. Recuerda que los recursos se encuentran al alcance, están en nuestra mente y en nuestro propio corazón.

Capítulo 5

El proceso de la creación

De todo corazón te doy las gracias por acompañarme en esta fascinante aventura, con la que pretendemos descubrir los misterios de la creación de la cual tú también formas parte muy importante, ¡no lo dudes! Ahora sabemos que es en la mente divina, o la inteligencia cósmica, el absoluto o el todo, en donde se lleva a cabo el proceso creativo del universo, por lo tanto, tú también eres un pensamiento divino hecho realidad. Y así como la materia, nos dicen los físicos, es luz encapsulada, tú también eres un ser espiritual lleno de luz en un cuerpo y en un mundo material, y tienes la capacidad de generar, regenerar y crear.

Bajo este mismo precepto, es importante tener presente que los metafísicos postulan que la mente del Eterno es también esencia, sustancia, energía, forma y manifestación.

Intentando utilizar el puente que ha generado la Psicología Cuántica y del Espíritu®, hoy Psicelogía, entre ciencia y espiritualidad, física y metafísica, es viable postular que la mente infinita del absoluto viene a ser el campo invisible e intangible del que emerge toda la creación, y que a nivel de la física, ese campo conocido como el campo de Higgs, del cual emerge el bosón de Higgs, fue inicialmente denominado como la *partícula divina o partícula de Dios*, que es la encargada de traer o manifestar la carga material en el mundo de la relatividad. No podemos ignorar que es precisamente ese campo –que sustenta toda manifestación material, todo aquello que podemos captar por medio de los cinco sentidos– emerge y tiene su sustento en el campo invisible e intangible que es la fuente generadora de toda vida o manifestación material.

Sin embargo, te pido una vez más que no confundas la espiritualidad con la religión; respetemos todas y cada una de ellas, pero no alimentaremos más violencia, pleitos y divisiones que generan nuestras creencias particulares. Si algo necesitamos, es establecer la paz y la armonía en nuestra mente, nuestro corazón y en la realidad exterior. Para ello, sólo te pido que aceptemos con profunda humildad que existe algo o alguien infinitamente más grande que todos nuestros problemas, caídas y carencias, y que responde a nuestra invocación, cuando ésta la hacemos desde lo más profundo de nuestro corazón[1], tal como lo dijo San Agustín: "La oración es la fortaleza del hombre y la debilidad de Dios".

Es bueno saber que no caminamos solos ni solas en los tiempos difíciles que enfrentamos, y que ante la dicha inconmensurable que representa saber que formamos parte de la mente de Dios, y que literalmente navegamos en la fuerza indescriptible que emana de su corazón, existe la posibilidad de realizar un cambio estructural en nuestra existencia en el aquí y el ahora, en tanto formamos parte de la fuente inagotable de toda vida.

Menciono esto porque considero que la noche oscura que enfrentamos como humanidad no es más que el resultado del materialismo que nos sumerge y arrastra, así como

---

[1] Véase Raquel Levinstein, *El poder de la oración*, México, Panorama, 2015.

ocurre con fuerza de gravedad que influye en la materia, y en la actividad entrópica y destructiva de la misma. Ésta es generada por nuestro distanciamiento consciente e inconsciente de la fuerza generadora de toda vida: la fuente y origen de toda creación, es decir, la mente infinita del Padre, o como cada quien pueda concebirlo.

Para intentar comprender el proceso de la creación, debemos remontarnos a la mente cósmica, el absoluto o el todo, en donde se gestan los pensamientos de Dios, que en esencia son impulsos de energía e información, y antes de adoptar la forma de partículas, que vienen a ser los elementos más diminutos de la materia, mejor conocidos como *quarks*, fluyen en el campo invisible e intangible como onda, la cual en ese *momentum* o frecuencia vibratoria particular, es también invisible e intangible a los sentidos físicos.

Es mediante un efecto de frenado en donde esa energía purísima se transforma en partículas, es decir, en luz encapsulada en materia, la cual, como ya se mencionó, emerge del absoluto o la mente infinita del todo al campo de la relatividad, mismo que es visible y tangible. Y es a través de un proceso, que los físicos califican como *arrastre*, mediante el cual la materia se expande en el universo.

Ahora bien, ya sabemos que las cuatro fuerzas o interacciones del universo (fuerza fuerte, fuerza débil, fuerza electromagnética y fuerza de gravedad) son lo mismo en esencia, sólo que en diferente manifestación, o más bien, a diferentes grados de frecuencia vibratoria y polos de expresión. Y que en el campo subatómico, es decir, el que conforma la actividad de las partículas más diminutas de la materia (*quarks*), como producto de la interacción de la fuerza fuerte y la débil, se genera la corriente electromagnética, la cual es el producto de la unión o fusión de elementos con carga (+) y carga (-), que corresponden a los elementos masculino y femenino de la ley de generación que propone *El Kybalión*. En este momento es cuando se observa la interacción de la fuerza fuerte.

Desde mi punto de vista, el proceso de desintegración, mejor conocido como interacción de la fuerza débil, ocurre cuando las partículas más diminutas de la materia, mediante la función de onda (propuesta por Schrödinger), se separan y despojan de toda carga material para retornar al campo invisible e intangible (campo de Higgs), en donde se tiñen con la gloria del Eterno para salir de nuevo al mundo material o de la relatividad para transformar la realidad, es decir, son las mismas, pero ya no son las mismas. Este proceso es el que se conoce como salto cuántico.

La interacción o fuerza de gravedad curva el espacio, según los postulados de Einstein. La fuerza electromagnética ejerce una tremenda fuerza de atracción o fusión y es producto de la interacción fuerte en el plano material macroscópico. Y la fuerza de gravedad ejerce un proceso entrópico o destructivo sobre la materia con el fin de liberar la luz que permanece atrapada en ella para poder retornarla a su origen, que es la mente infinita. Este proceso entrópico o destructivo es producto de la interacción de la fuerza débil, la cual, como ya mencionamos anteriormente, es 10 mil millones de veces más débil que la electromagnética, y que yo infiero que ocurre cuando se propicia la acción de la función de onda propuesta por Schrödinger, operando en el campo de la relatividad o campo macroscópico de la materia, en el polo opuesto de la luz; la cabeza de sombra de Dios.

Y es de este modo como en un continuo proceso de unión (fuerza fuerte) y desintegración (fuerza débil) en el que los componentes masculino (+) y femenino (-), base de toda creación, se fusionan y separan respectivamente para dar origen al proceso creativo del universo en toda manifestación, en la que lo que hace la diferencia es la frecuencia vibratoria de cada segmento de vida.

La interacción de estas fuerzas puede manifestarse en un amplísimo rango de frecuencias vibratorias que van desde las muy sutiles, las cuales se presentan en acumulaciones ligeras de materia dando origen a los *quarks*, o bien, de sorprendente densidad, que generan enormes acumulaciones de materia (agujeros negros), pasando por todas y cada una de las manifestaciones de la realidad material o plano de la relatividad.

Lo más importante es que siempre recuerdes que la causa original de todo proceso creativo y de la creación en sí, es el campo invisible: el absoluto, el todo o la mente del todo, en donde los *quarks* adoptan la función de onda, y en esencia son energía purísima que forma los campos cuánticos que se encuentran en todas partes. Estos últimos, tal como afirman los físicos cuánticos, también son impactados por la mente humana, es decir, por pensamientos, sentimientos y emociones.

Tal como dice el *Génesis*: "E hizo Dios al hombre a imagen suya, a imagen de Dios los creo", es decir, que también nosotros, por regalo del cielo y bondad infinita del Creador, tenemos la facultad de crear, transformar y de destruir. Traigo a colación esta cita bíblica para recordarte que tú también tienes el poder de generar, regenerar y crear con el poder de tu propia mente y la fuerza del corazón, en tanto estamos hechos a imagen y semejanza de Dios.

Y si podemos aceptar lo anterior y que nuestros pensamientos impactan los campos cuánticos que se encuentran en todas partes, entonces, no sólo se enciende la llama de la esperanza, sino que tenemos que aceptar nuestra enorme responsabilidad ante la realidad material que se manifiesta en la noche oscura que enfrentamos como humanidad. Ya que día con día generamos energía entrópica y destructiva a causa de ignorancia e inconsciencia. Contamos con un inmenso poder creativo, y cuando nuestros pensamientos, sentimientos y emociones –que integran a nuestro aparato vibratorio– son alentados por miedo, resentimiento, odio, culpa, celos, envidia, mezquindad, etcétera, generamos y atraemos personas y circunstancias que ocasionan dolor y sufrimiento en nuestro diario vivir.

No olvidemos que la causa de todo proceso entrópico o destructivo, tanto en el campo cuántico como en el de la relatividad, es la acumulación de materia. Cuando aparece la materia, según Einstein, se hace manifiesta la fuerza de gravedad, la cual genera la curvatura del espacio que, desde mi punto de vista, es el equivalente de la función de onda propuesta por Schrödinger, pero en frecuencias vibratorias de muy baja densidad, inherente a la fuerza de gravedad que se manifiesta en el mundo de la relatividad.

Un equilibrio perfecto de alternancia es en el que la fuerza entrópica de la materia desintegra un sistema de energía para ser aprovechado por la fuerza antientrópica o contraria, dando origen a un nuevo y más complejo sistema de energía, tal como lo proponen las leyes de la termodinámica. Es así que la interacción de ambos sistemas o fuerzas –fuerza fuerte y fuerza débil– genera frecuencias vibratorias diferentes que se manifiestan en el campo del absoluto en longitud de onda, mientras que en el campo de la relatividad, mediante un efecto de frenado, la luz adopta la forma de partículas o *quarks*, en donde la luz queda atrapada en la materia, la cual inicia un proceso evolutivo: nace, crece y desaparece, para retornar a su origen mediante un proceso entrópico en el que se despoja de la materia e inicia su retorno a la luz, al campo invisible e intangible del que emerge toda la creación.

Como podrás darte cuenta, en el proceso de creación se hace patente la acción de las leyes o principios universales mencionados por los iniciados de *El Kybalión* –en este caso particularmente las leyes o principios de generación, de ritmo, de polaridad, de vibración–, de los cuales resulta lo siguiente:

- La luz y la materia en esencia son lo mismo, sólo que en frecuencias vibratorias y polos de manifestación diferentes.
- La luz se transforma en materia, la cual mediante un proceso entrópico o destructivo tiene que regresar a su origen (que es la luz).
- Lo que hace la diferencia son los complejos vibratorios, los cuales son densos para la materia y sutiles para la luz, en donde la energía fluye como onda.

Este proceso entrópico o destructivo en el mundo subatómico, que corresponde a las partículas más diminutas de la materia, puede durar micro fracciones de segundos, mientras que en la mente puede durar desde fracciones de segundos, minutos, horas, o hasta toda una vida.

En el mundo de la relatividad, que corresponde al plano material, puede durar sólo unos segundos, minutos, horas, días, meses, años y hasta cientos, miles o millones de siglos. No obstante, es importante reiterar que toda materia nace, crece y desaparece, y que no puede perdurar, pues *todo pasa, nada queda, sólo Dios.* Las cosas materiales desaparecen, mientras que el campo invisible e intangible del que emerge toda la creación permanece inalterable más allá del tiempo y del espacio.

En el universo este proceso puede durar hasta miles de millones de años. Es así que en una eterna alternancia de los procesos creativos (fuerza fuerte), y destructivos (fuerza débil), la vida en toda manifestación se mantiene en perfecto equilibrio. Esta amalgama perfecta de creación y destrucción hace alusión también a lo que alguna postura filosófica de origen hindú califica como la respiración de Brahama, la cual consiste en la inhalación, que significa el retorno a la luz o contracción del universo, y la exhalación, que implica la fuerza creativa o expansiva del universo. Esto se puede identificar con la ley o principio del ritmo, que afirma que *lo que va, regresa*, y con la ley de polaridad, que sostiene que *los extremos son lo mismo.*

Con todo respeto y humildad, me atrevo a señalar que esta propuesta no riñe con la teoría del *Big Bang*, en la que Steven Hawking demuestra científicamente la expansión del universo. Sólo consideremos que él percibe el aspecto material de expansión, y deja de lado el campo invisible e intangible, del cual se ha comprobado científicamente que emerge el Bosón de Higgs (la partícula divina o partícula de Dios). Lo anterior advierte que más allá del conocimiento científico materialista, el alma adivinará su origen y su esencia.

Resulta claro que cuando sólo percibimos el aspecto material que corresponde al plano de la relatividad, Dios es innecesario, mientras que cuando contemplamos el todo o la mente infinita, es indispensable advertirlo porque constituye la fuente u origen de toda creación. Considero que este retorno consciente a la mente infinita del Padre, fuente primigenia de toda creación, constituye la mayor conquista de la humanidad, particularmente de la mente humana, ya que nos permite acceder a la conciencia cósmica y universal, es decir, a la mente de Dios, y desde ahí comprender cómo funciona el universo, y el papel de enorme relevancia que tenemos frente al mismo, en tanto constituye el genuino camino de transformación y trascendencia.

Ante la relevancia de este punto, considero importante subrayar de nuevo la abismal diferencia que existe entre religión y espiritualidad. La primera hace alusión a los dogmas o creencias sobre Dios, además de los ritos y ceremonias mediante las cuales nos relacionamos con él. La segunda consiste en saber que más allá del nombre, concepto, dogma o creencia, hay una inteligencia infinita, un Ser supremo fuente y origen de toda creación, que es el aliento y esencia de toda vida y la fuerza creadora que hace latir el corazón.

Esta propuesta, basada en fundamentos científicos, principios Herméticos o leyes espirituales eternas, y bases filosóficas universales, ha intentado integrar y explicar el proceso de la creación, así como el descubrimiento de nuestro verdadero origen (la mente infinita del Padre), y nuestro destino, que es el retorno a la luz o al absoluto, pero con un aprendizaje y experiencias que nos permite crecer y evolucionar. Esto último consiste en saber que nuestra esencia es luz y que tenemos un infinito potencial de crear, transformar y trascender, en tanto que somos seres espirituales en un cuerpo y un plano material.

De este modo, después de un largo proceso de evolución y aprendizaje como humanidad, lograremos aprovechar la energía entrópica o destructiva que ha generado nuestra ignorancia e inconsciencia, para construir un nuevo y más complejo sistema de forma y materialización, es decir, una tierra nueva, una vida plena y un mundo mejor.

Ahora ya sabes que eres un pensamiento divino hecho realidad; que vienes de la mente infinita del Padre; que estás aquí para evolucionar, descubrir tu esencia y transformarte en lo que en realidad eres, y así convertirte en lo que debes ser; además, que vas a retornar a la luz, a la mente divina y al corazón de Dios para expresar conscientemente en todo momento y en todo lugar la grandeza infinita de tu verdadera esencia y tu infinito poder de creación y transformación.

Y así, con la inmensa dicha de conocer cómo funciona el universo, y nuestra verdadera esencia, origen y destino divino, te invito a aventurarnos a tratar de encontrar respuestas para lo que los científicos hoy en día consideran como el mayor misterio de la naturaleza: los agujeros negros del universo, la materia y la energía oscuras. Más adelante abordaremos lo que considero como el tema más apasionante: la mente humana y el infinito potencial de creación y transformación que en ella se encuentra. Antes de continuar, quisiera hacer énfasis en la necesidad que tenemos de religarnos conscientemente a la fuerza generadora de toda vida, al campo primigenio o primera causa de la creación: Dios. Ya que con lo hasta aquí expuesto, podemos entender que mientras más alejados nos encontremos del polo de la luz eterna, fuente generadora de toda vida, más entrópica o destructiva será nuestra realidad material.

El análisis hasta aquí expuesto tiene la intención de darle respuesta al reto más grande de la ciencia hasta el día de hoy: la integración del campo unificado de todas las cosas. En tanto han sido seleccionados y entretejidos con los principios más relevantes de diferentes áreas del conocimiento humano, permitiéndonos estructurar un puente entre ciencia y espiritualidad; física y metafísica; cuerpo y espíritu, así como entre la nada y la eternidad.

Capítulo 6

El problema central de la física y el misterio más profundo de la ciencia

Porque no hay nada oculto
que no ha de ser revelado ni secreto
que no ha de ser conocido.
LUCAS 12, 2

Para el físico Steven Weinberg, el enigmático fenómeno de la energía oscura constituye el problema central de la física, mientras que para el astrofísico Michael Turner, es el misterio más profundo de la ciencia.

Ahora bien, antes de intentar descubrir estos desafiantes enigmas del universo, considero conveniente mencionar que la Psicología Cuántica y del Espíritu®, hoy Psicelogía, surge de la inquietud del proceso de recuperación de los Alcohólicos Anónimos, los que, mediante un despertar espiritual, logran superar la obsesión por la bebida *cada hoy*. Lo anterior me llevó a realizar una profunda investigación que me ha permitido incursionar en diferentes áreas del conocimiento humano, y me ha sido posible establecer un puente entre la ciencia y la espiritualidad; entre la física y la metafísica; entre el cuerpo, la mente y el espíritu; entre la nada y la eternidad.

En algunos de mis libros he explicado el proceso de búsqueda y las sorprendentes y maravillosas respuestas que cada campo del conocimiento me ha entregado. Paradójicamente, entre los saberes más asombrosos –hay que recordar que toda paradoja tiene que ser reconciliada, en tanto que los opuestos en esencia son lo mismo– están la física, la metafísica, y el que se refiere a la Biblia y a sus diferentes acepciones o interpretaciones. Te suplico tener presente en todo momento la enorme diferencia entre espiritualidad y religión, en calidad de que nuestros propios dogmas o creencias pueden obnubilar nuestro panorama de conocimiento.

Para los metafísicos, la Biblia tiene tres niveles de interpretación: el material, el mental y el espiritual. El primero es el que se percibe a simple vista y que cada quien interpreta a su manera. Lo anterior puede generar confusiones, divisiones y guerras en la propia mente, entre familias y hasta entre naciones, tal como acontece en nuestra realidad cotidiana.

El segundo nivel requiere un código o guía de interpretación; por ejemplo, para entender este nivel se pueden consultar los siguientes libros: *Kabalah* de Beatriz Borovich, publicado por Editorial Lumen; *El código secreto de la Biblia* de Michael Drosnin, de Planeta; y *El código de Dios* de Gregg Bramen, de Editorial Tomo. Finalmente, el tercer nivel es una interpretación muy profunda, en la cual todo cobra un sentido diferente, siempre alentador y aleccionador.[1]

Te propongo que para iniciar nuestro abordaje en esta fascinante aventura y entender la reconciliación de la paradoja entre física y metafísica, utilicemos el segundo y el tercer nivel de interpretación: el mental y el espiritual. Para ello, es indispensable usar la razón, y mantener la mente y el corazón abiertos. En este sentido, valdría la pena traer a colación una frase que se le atribuye a Albert Einstein: "La mente es como el paracaídas, si no lo abres..." ¡Imagínate lo que puede pasar!

[1] Conny Méndez, *El nuevo pensamiento*, Barcelona, Giluz, 2013.

Ahora bien, a nivel mental nuestro código o punto de apoyo para esta interpretación son las leyes herméticas o principios de *El Kybalión*, los cuales ya hemos desglosado con anterioridad. También utilizaremos algunos conceptos o aportaciones metafísicas, que nos llevarán, como punto de partida, al extremo de esta disciplina, para continuar con el otro polo que es la física propiamente (en este momento hay que recordar la ley de polaridad). Comencemos con el siguiente versículo de la Biblia:

> Al principio Dios creó el cielo y la tierra. La tierra era soledad y caos, y las tinieblas cubrían el abismo, pero el espíritu de Dios aleteaba sobre las aguas. Dijo Dios: "Haya luz", y hubo luz. Y vio Dios que la luz era buena, y la separó de las tinieblas.
>
> *Génesis*, 1

Antes de realizar nuestro análisis sobre la conexión entre la física y la metafísica, vamos a recordar dos de los principios más relevantes de la primera disciplina: "La materia es luz encapsulada", y "La energía no se crea ni desaparece, sólo se transforma". Ahora realicemos el análisis:

Al principio Dios creó el cielo y la tierra. Esto quiere decir que Dios o la mente del Padre creó el cielo, el cual se identifica con el campo invisible o absoluto, mientras que la tierra lo hace con la realidad material o campo de la relatividad.

La tierra era soledad y caos, y las tinieblas cubrían el abismo. Para los metafísicos la tierra es la expresión de lo pensado o realidad material; en nuestro caso es el pensamiento de Dios que se manifiesta en la realidad material o mundo de la relatividad como materia oscura, la cual, mediante la fuerza de gravedad o fuerza fuerte, comienza su atracción y fusión. En este sentido, los físicos nos dicen, de acuerdo con la teoría del *Big Bang* de Stephen Hawking, que el universo se gesta a partir de un estado oscuro y denso en cuyo inicio prevalecían las tinieblas.

Pero el espíritu de Dios aleteaba sobre las aguas. El agua tiene varias acepciones en metafísica, entre ellas, energía vital. Para nuestro caso, significa los campos o complejos vibratorios con los que el espíritu divino o la esencia del Creador se transforma en la infraestructura de toda manifestación de vida, o en todo complejo vibratorio de onda o partícula, o incluso en las concentraciones de materia más densas, en donde prevalece la oscuridad y la fuerza débil o entrópica de la materia.

Dijo Dios: "Haya luz", y hubo luz. La luz permanece y se manifiesta a pesar de las tinieblas que predominan y caracterizan a la materia. De hecho, recordemos que para los físicos la materia es luz aprisionada en la materia, la cual es liberada mediante un proceso entrópico o destructivo, característico de la interacción de la fuerza débil.

Y vio Dios que la luz era buena, y la separó de las tinieblas. La luz, mediante un proceso entrópico de la materia, retorna a su origen, a la mente infinita del Padre, al absoluto, al campo intangible e invisible del que surge absolutamente toda la creación.

Ahora te invito a vislumbrar el otro polo. Ya Albert Einstein nos llevó mediante su famosísima ecuación $E = mc^2$ al punto mismo de la creación, en donde se observa que la materia en movimiento o aceleración potencialmente es energía vibrando en frecuencias muy densas. De este modo, podemos entender que cuando la energía vibra en frecuencias muy encumbradas, fluye en el campo invisible e intangible. Lo que para nosotros sería el cielo, para los físicos vendría a ser el campo de Higgs. Ahí la luz fluye como onda en longitudes inimaginables. Mientras que cuando la energía se manifiesta en el plano de la relatividad, sus frecuencias vibratorias son de muy baja densidad y se presentan como materia, es decir, como la tierra, y al manifestarse en el polo opuesto de la luz se percibe como oscuridad. En esta dimensión se presenta la fuerza de gravedad, la cual, además de curvar el espacio, ejerce una enorme fuerza de atracción que, como ya sabemos, corresponde a la interacción de la fuerza fuerte; mientras que la descomunal fuerza entrópica, que corresponde a la interacción de la fuerza débil, libera a la luz aprisionada en forma de energía para retornar a su origen.

En todo este proceso podemos observar la acción de los principios herméticos o leyes universales. Destaca el principio de vibración, pues dependiendo de la frecuencia vibratoria, la energía fluye como onda o como materia en diferente manifestación o complejidad en el campo de la relatividad.

Con el análisis realizado hasta este punto, con fundamentos relevantes de las diferentes áreas del conocimiento humano, resulta viable proponer que la materia oscura del universo es la energía o complejo vibratorio en frecuencias muy densas que se manifiestan como masa o materia recién salida del campo invisible o campo de Higgs, la cual ejerce una descomunal fuerza de atracción. Mientras que la energía oscura es el resultado del proceso entrópico o destructivo, mediante el cual la materia se desplaza o transforma en energía para liberar a la luz aprisionada en sus entrañas, la cual retorna a su origen, alimentando a las estrellas y a los cuerpos luminosos del universo.

Este concepto coincide con la radiación de Hawking, este postulado sugiere que es posible que en la entropía que se genera en el interior de un agujero negro, la materia alcance velocidades superiores a la de la luz y logre escapar en forma de energía o radiación. Stephen Hawking propone, además, que la gran perturbación que generan los agujeros negros en el espacio-tiempo, hace posible que éstos puedan mantener la luz alrededor de sus bordes. Desde la metafísica podemos relacionar lo anterior con lo que se señala en libro del *Génesis,* cuando se hace alusión a que el espíritu de Dios aleteaba sobre las aguas.

En el transcurso de esta transformación de materia en energía, y posteriormente en luz, la energía adopta diferentes formas, que en el universo pueden ser estrellas, soles, galaxias, agujeros negros, entre otras. Mientras que en la tierra puede dar origen a todo lo que podemos captar por medio de los cinco sentidos.

Recordemos ahora que en el campo unificado de todas las cosas, la fuerza fuerte es el proceso de atracción y fusión o proceso antientrópico, es decir, el que aprovecha la energía entrópica o destructiva para formar un nuevo sistema de mayor complejidad, y que la fuerza débil es el proceso de separación y desintegración o proceso entrópico. Ahora sabemos que ambos procesos se manifiestan en el campo cuántico como fuerza electromagnética, mientras que en el campo de la relatividad como fuerza de gravedad. En este último caso, la materia oscura se manifiesta cuando se encuentra activo el proceso de atracción o fusión (la interacción de la fuerza fuerte); mientras que el proceso de separación o desintegración de la materia (fuerza débil), como ya se mencionó anteriormente, da origen a la energía oscura del universo.

"Algunos científicos creen que las partículas de materia oscura son tan comunes que miles de millones pasan por cada ser humano cada segundo."[2] Hay que tener presente que cuando interactúa la fuerza débil, la materia oscura se transforma en energía entrópica, y que la entropía es en sí el estado de degradación de un sistema de energía, por el que la antientropía (que es el aprovechamiento de la energía degradada) da paso a un nuevo y mayor complejo de energía y forma.

Si esto acontece en el universo, amparados por la ley de correspondencia, podemos extrapolar estos principios a nuestra realidad material y aprovechar todo el caos y la destrucción que prevalece en nuestro rededor. Esto con el fin de transformar la energía entrópica y destructiva que generamos día con día a causa de la inconsciencia e ignorancia, para utilizarla conscientemente en la construcción de un nuevo y más complejo sistema de energía, es decir, una vida nueva y un mundo mejor.

Tenemos una descomunal tarea frente a nosotros, pero también los recursos al alcance para lograrla en nuestra propia mente y en nuestro corazón.

Te invito a continuar con la lectura de este material, pues al entender cómo funciona el universo, será más sencillo entender cómo funciona nuestra mente y el inmenso potencial que tiene para transformar la realidad material.

---

[2] Thimothy Ferris, "Un primer vistazo al cosmos oculto", en *National Geographic en español*, México, marzo de 2015.

Capítulo 7

Los hoyos negros del universo

> Pocas cosas inspiran tanto asombro
> y terror en el mundo como
> los agujeros negros. Estos titanes
> invisibles son los grandes arquitectos
> y destructores del universo.
> LAURA MEARS[1]

Desde una visión holística e integral podemos entender que la materia oscura es la manifestación de la luz en el plano material. Emerge de un campo sutil, invisible e intangible y se manifiesta en el polo opuesto, el mundo de la relatividad, en donde las frecuencias vibratorias de las partículas que la integran son muy densas. Sabemos también que la alternancia de la luz y la oscuridad, que es la interacción entre el campo invisible e intangible con el campo visible y tangible, así como la permanente actividad de la entropía y la antientropía, propician el equilibrio de la vida en toda manifestación. Considerando lo anterior, podemos aventurarnos a explicar uno de los más grandes misterios del universo: los agujeros negros.

Los astrofísicos dicen que estos últimos son los grandes devoradores de decenas de miles de soles, astros planetas y

[1] Laura Mears, "50 datos increíbles sobre los agujeros negros. La astronomía en México", en *Todo sobre el espacio*, núm. 1, México, 2015.

posiblemente hasta de galaxias; no obstante, también afirman que los objetos que se mantiene en órbitas estables alrededor de ellos no corren riesgo alguno de ser atrapados por
los hoyos negros. Parece que estas descomunales figuras del
universo respetan el orden, el cual, junto con la armonía y la
belleza, constituyen –desde mi punto de vista– los grandes pilares de toda creación.

Los observadores también señalan que la materia que
penetra en un agujero negro es, de manera literal, destroza-
da por la fuerza entrópica que distingue a estos colosos. De
hecho, si algo de lo que ha sido devorado lograra salir, no se
parecería en nada a lo que originalmente penetró en su densidad. La materia devorada se transforma en energía, "tal como
[actúan] los aceleradores atómicos",[2] por la entropía que prevalece en su interior. Probablemente en un inicio sería energía oscura, para que en un continuo proceso de transformación se manifieste en energía luminosa, la cual alimenta a los
cuerpos radiantes o luminosos del universo, y propicia la generación de un nuevo sistema de energía o forma.

Los estudiosos de la astrofísica afirman que muchos de
los hoyos negros que pueblan el espacio fueron originalmente estrellas. Shahen Hacyan señala que "las estrellas, al igual
que la Tierra, suelen poseer un campo magnético",[3] y durante
el lapso de su vida resisten el colapso gravitacional; no obstante, el proceso de envejecimiento de la estrella produce el
aumento de la fusión de átomos, generando elementos cada
vez más densos conocidos como materia oscura, hasta que

[2] Shahen Hacyan, *Los hoyos negros y la curvatura del espacio-tiempo*,
México, FCE (La ciencia para todos), 2003.

[3] Ibídem.

el combustible que originalmente le daba brillo a la estrella comienza a agotarse. En ese momento es cuando se propicia el colapso de las estrellas y se da origen a una estrella de neutrones, o bien, a un agujero negro. Como muchos de los agujeros negros que se encuentran en el espacio son producto del colapso de una estrella, se puede afirmar que la luz se ha transformado en materia.

Los investigadores dicen que los agujeros negros no emiten luz visible; la evidencia de su existencia se da por medio de la atracción gravitacional que curva el espacio en el que se encuentran, y que propicia que el gas que emite la rotación de una estrella o cuerpo luminoso fluya por una zona pequeña que se localiza justo frente al agujero negro, pero en vez de caer dentro de éste, gira alrededor formando lo que se conoce como un disco de acreción.

En este mismo sentido, Shahen Hacyan menciona que en el espacio "por cada cuerpo brillante, existe su contraparte oscura", y cuando un hoyo negro y una estrella normal giran uno en torno al otro enlazados por la atracción gravitacional, se produce un evento que se conoce como sistema doble o binario. Este mismo autor señala que cuando esto ocurre, la percepción de dicho sistema contemplado desde la tierra se percibiría "como una estrella normal que gira alrededor de una compañera invisible". Además, dicho sistema coincidiría con una importante fuente de rayos X, en donde la materia sería calentada a temperaturas altísimas, incluso mayores que las que se emiten en la superficie de nuestro sol. Este investigador señala que la compañera invisible de cada estrella visible bien podría ser una estrella de neutrones, o bien, un agujero negro, el cual puede ser la última fase evolutiva de estrellas muy masivas.

Figura 1. Hoyo negro y estrella circundante

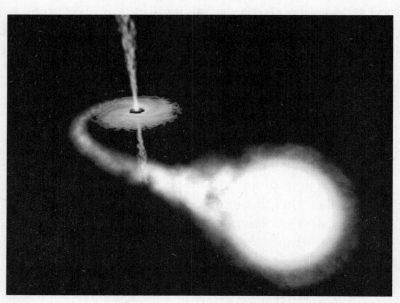

Fuente: Administración Nacional de Aeronáutica y del Espacio (NASA, por sus siglas en inglés) y Agencia Espacial Europea (ESA, por sus siglas en inglés).

En este caso, el colapso paulatino de una estrella alimenta al agujero negro con el gas que emite la acción, la materia que se desprende de ella y los vientos estelares. La fricción que genera esta interacción incrementa de manera espectacular la temperatura del gas del disco de acreción, al grado que la estrella más cercana al agujero negro puede alcanzar varios millones de grados de temperatura. Los científicos también refieren que la densidad de la materia que se encuentra dentro de un agujero negro es tal, que una cucharada de la misma pesaría toneladas.

Los investigadores afirman que existen diferentes tamaños y características de agujeros negros, hay con doble horizonte, súper cargados, pequeños, eternos, etcétera.

Lo importante para nuestra investigación es saber que, independientemente del tamaño o características peculiares de cada agujero negro, en la fase inicial de atracción, en la que actúa preponderantemente la fuerza fuerte, éstos se alimentan de la materia que expelen las estrellas y de toda materia que se cruza por su paso, la cual –desde mi punto de vista– es atraída por la fuerza de gravedad mediante la interacción de la fuerza fuerte, en primera instancia, para posteriormente ser desintegrada o destruida por la interacción de la fuerza débil. Ésta propicia la actividad entrópica o destructiva, libera inicialmente energía oscura y después arroja material luminoso que alimenta a los cuerpos radiantes del universo, además de entregar energía a su compañera visible.

Para lograr entender mejor la actividad y preponderancia de los agujeros negros en el espacio, vamos a recordar los conceptos de la fuerza de gravedad según tres grandes hombres de ciencia.

Albert Einstein pensaba que ésta curvaba el espacio; Isaac Newton afirmaba que es la fuerza de atracción directamente proporcional entre la masa o el peso de dos cuerpos; finalmente, Pitágoras creía que la gravedad es la eterna lucha entre dos inmensas fuerzas: la centrípeta, o fuerza de atracción hacia el centro, y la centrifuga, o fuerza que tiende a alejarse del centro.

Figura 2. La fuerza de gravedad según Pitágoras

Centrípeta

Centrífuga

Centrífuga

Centrípeta

Respecto de la propuesta de Einstein, recordemos que un sello distintivo de los agujeros negros es que curvan el espacio, por eso los astrofísicos pueden detectar su ubicación. En el caso del postulado de Newton, sabemos que la fuerza de atracción o fuerza fuerte permite a los agujeros negros devorar estrellas y toda la materia que cruza por su ubicación espacial, con excepción de los cuerpos celestes que mantienen un orden o estabilidad en el espacio.

Mientras que la propuesta de Pitágoras referente a la eterna lucha de las fuerzas centrípeta y centrifuga es –desde mi punto de vista– la que propicia no sólo en un inicio la fuerza de atracción (fuerza fuerte), sino también la actividad entrópica o destructiva (fuerza débil) de los agujeros negros, la cual permite transformar la materia en energía, que en su momento retornará a la luz, su origen.

También llama la atención que la materia se calienta a temperaturas altísimas y que emite luz por la inmensa actividad entrópica del agujero negro. La luz resultante es una onda electromagnética, cuya longitud determina su color, el cual puede ser visible para el ojo humano dependiendo del rango que tenga.

Los colores que por lo general se perciben en los agujeros negros son el violeta y el rojo, los cuales coinciden con los extremos del arcoíris. Y más allá de éstos, se encuentran la luz ultravioleta, los rayos X y los rayos gamma, que tienen longitudes de onda más largas, energías mayores y que son imperceptibles.

En metafísica el color violeta significa perdón y trasmutación; el rojo representa a la materia, la fuerza entrópica y destructiva que ésta genera; y la luz ultravioleta, tiene un poder de limpieza y transformación tal que se utiliza para esterilizar el quirófano y los materiales quirúrgicos. Más allá del rojo, se encuentra la luz infrarroja, de la que se derivan las microondas y las ondas de radio, las cuales son ondas cortas pero con energías menores.

Los investigadores también dicen que la entropía de un agujero negro es tal que puede realizar la actividad de un acelerador atómico, en el que la materia se transforma en energía. Y que en los polos de un agujero negro giratorio, donde el campo magnético forma un embudo, se dispara hacia el espacio material luminoso lejos de la tremenda fuerza gravitatoria, en chorros brillantes que alimentan otros cuerpos celestes.

Los agujeros negros generalmente forman una figura de embudo o espiral, en la que la parte superior, que a simple vista parece lisa, forma el horizonte o puerta de entrada; mientras que la parte contraria, llamada singularidad y que es la más pequeña, es el sitio en el que la materia queda aplastada en un solo punto, en donde literalmente se desmorona, y el espacio-tiempo, es decir, la materia, deja de existir.

Desde mi punto de vista, es cuando la materia oscura mediante el intenso proceso entrópico o destructivo (interacción de la fuerza débil) se transforma en energía, la cual alimenta al cuerpo luminoso, con el que originalmente formaba un sistema binario, y a diferentes cuerpos celestes del universo. La energía liberada de un agujero negro es conocida como radiación de Hawking, la cual retorna hacia el universo.[4]

Cabe mencionar que Hawking afirma que la propuesta que había sugerido Bekenstein en 1970 sobre la analogía entre las leyes de la física de los agujeros negros y las leyes de la termodinámica es mucho más que una mera analogía y que se trata de una identidad, mientras que "las leyes gravitatorias de la física de un agujero negro no son sino una reproducción fiel de las leyes de la termodinámica en un contexto gravitatorio extraordinariamente especial".[5]

Me llama poderosamente la atención lo que señala Shahen Hacyan, incluso cuando es hipotético, sobre que "si alguna persona pudiera penetrar y permanecer dentro de un agujero negro, no se daría cuenta de lo que pasa fuera del mismo. Mientras que el observador que se encontrara fuera, podría contemplar fácilmente todo aquello que el primero realizara". Esto viene a colación porque mediante una analogía con lo que pasa en nuestra mente, es que podemos darnos cuenta cuando estamos alentados por su parte oscura, la cual, desde el enfoque de la Psicología Cuántica y del Espíritu®, hoy Psicelogía, equivale a la fuerza que literalmente nos ancla a la tendencia caótica y destructiva o fuerza entrópica

---

[4] Laura Mears, "50 datos increíbles sobre los agujeros negros. La astronomía en México", en *Todo sobre el espacio*, núm. 1, México, 2015.

[5] Brian Greene, *El universo elegante*, Barcelona, Booket, 2012.

de la materia, es decir, al agujero negro de la inconsciencia que propicia toda clase de adicciones como alcoholismo, drogadicción, farmacodependencia, sexo desbocado, incumplimiento de promesas, mentir, trabajar de manera excesiva, comer compulsivamente, hacer ejercicio exagerado, etcétera.

En estos casos, el agujero negro viene a ser como *el elefante blanco que se trae cargado a la espalda*. Todo mundo se percata del problema, menos el que lo trae cargando. Como podrás darte cuenta, lo que acontece en el cielo, acontece en nuestra mente y también en nuestra realidad material. Recuerda la ley que señala que *como es arriba, es abajo*.

Y es precisamente la comprensión de los principios o leyes universales la que nos permite echarle un vistazo al universo y percibirlo de una manera más profunda, más sencilla y, sobre todo, más integral. En este sentido, valdría la pena recordar lo que el físico John Wheeler mencionó antes de su muerte: "Todo debe estar basado en una idea simple".

Considera que los procesos de creación y destrucción, de fusión y desintegración, trabajan de manera conjunta a favor de la vida misma. La materia, la energía oscura del universo, así como la energía clara y sutil que se percibe desde el mundo subatómico en los astros, en nuestro cuerpo, mente y entorno material, son lo mismo en esencia, sólo que en momentos y sitios diferentes, además, mantienen el equilibrio de la vida en toda manifestación. Para ilustrar lo anterior, te presento los siguientes ejemplos:

- En el cuerpo, el sistema circulatorio tiene sangre venosa sucia y sangre arterial limpia. En el sistema digestivo existe el proceso de asimilación y el de excreción. Y en el sistema respiratorio se presenta la inhalación y la exhalación.

- En la mente se encuentra el nivel subconsciente o noche de la mente, en donde la densidad de la frecuencia vibratoria de nuestros pensamientos, sentimientos y emociones nos conecta con la fuerza caótica y destructiva que caracteriza a la materia. (Desde mi punto de vista, lo anterior equivale a la actividad y función del agujero negro de la inconsciencia). También se halla el nivel supraconsciente o día de la mente, en donde los pensamientos, sentimientos y emociones que son sustentados por el amor y la gratitud, nos conectan con la potencia espiritual que no se ve pero se siente, y que en esencia es la fuente generadora de toda vida.
- En nuestra realidad material está el frío y el calor, la carencia y la abundancia, la enfermedad y la salud, la entropía y la antientropía.
- En el universo hay estrellas y agujeros negros, cuerpos radiantes y materia oscura.
- En el mundo cuántico están las ondas y las partículas.

Con todos estos elementos podemos concluir que el electromagnetismo y la fuerza de gravedad en esencia son lo mismo, sólo que actuando en diferentes frecuencias vibratorias, las cuales dan origen a realidades o manifestaciones distintas porque el electromagnetismo pertenece al mundo cuántico, mientras que la fuerza de gravedad al mundo material macroscópico.

Regresando a los agujeros negros, a continuación muestro un dibujo que ilustra gráficamente la forma que adoptan éstos en el universo:

Figura 3. Dirección de giro de un hoyo negro

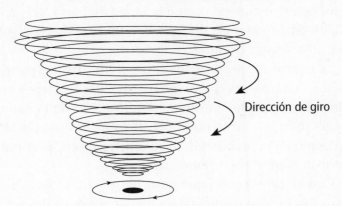

Dirección de giro

Como podrás darte cuenta, los agujeros negros adoptan la forma de una espiral, similar a la de un tornado, un huracán, un caracol, una rosa y los diferentes ciclos y formas de la naturaleza. Esta proporción hace alusión a la denominada *geometría fractal* propuesta por Beniot Mendelbrot en la década de 1970, la cual sostiene que la naturaleza se construye a sí misma a partir de fragmentos; además, que en cualquier parte del universo, de la naturaleza y de la vida misma en toda manifestación, se pueden observar patrones repetitivos y similares, que son llamados *fractales*.

Cada proporción fractal está compuesta por lo que en la antigüedad se conocía como la proporción de oro, número áureo o ratio divina, que equivale a:

$$Phi = 1.618 \text{ o } phi = 0.618$$

En el siglo xiv, Leonardo Fibonacci descubrió una serie de números que no conoce fin y que se cree que refleja la relación áurea. Esta serie inicia en el número 1 y continúa agregando el número anterior al que sigue. Los primeros veinte números son los que se reconocen como la serie Fibonacci: 1, 1, 2, 3, 5, 8, 13, 21, 34, 55, 89, 144, 233, 377, 610, 987, 1 597, 2 584, 4 181, 6 765… y así hasta el infinito.

La relación áurea describe la relación entre dos partes de un todo. En el caso de cada espiral de un agujero negro, como podrás darte cuenta, contiene la proporción de la anterior, y va en aumento tanto en la densidad de frecuencia vibratoria como en la proporción del diámetro de cada espiral, tal y como lo marca la serie Fibonacci.

Con la información que hasta aquí hemos revisado, podemos darnos cuenta de que los agujeros negros del espacio cobran una función primordial en el equilibrio de la vida misma, en tanto que, al realizar en primera instancia la fuerza de atracción en la materia, y enseguida la actividad entrópica y destructiva de la misma, se propician los procesos entrópicos con los que se libera la energía para dar origen a nuevos y más complejos sistemas tanto de forma, como de energía y manifestación.

Asimismo, cumplen una función primordial porque producen la liberación de la luz. Considerando la ley del ritmo, ésta tiene que retornar a su origen: el absoluto o la mente infinita del Padre, el campo invisible e intangible que es la fuente y origen de toda creación, y que en la actualidad se conoce como campo de Higgs, de donde emerge toda manifestación material a través de las partículas más diminutas de la materia: *quarks*. De estos últimos, se propicia la evolución de la vida misma, manifestando cada vez nuevos y más complejos sistemas de forma, energía y manifestación.

Llama la atención lo que los físicos señalan respecto a alguna de las características más distintivas de la actividad entrópica o destructiva de los agujeros negros en el universo, por ejemplo, sostienen que cuando disminuye su masa, también incrementa la temperatura y la frecuencia vibratoria, y que cuando se pierde materia, ¡el tiempo se acelera!

Si partimos de la ley de correspondencia que postula que *como es arriba, es abajo*, podemos preguntarnos si: ¿no será que nos encontramos inmersos en la fuerza destructiva y entrópica de un agujero negro y que no logramos percibir lo que pasa fuera de nuestro entorno?

Estoy segura de que has podido percibir cómo el tiempo pasa cada vez más aprisa; cómo la violencia e incluso la crueldad se observa cada vez más aun en los niños más pequeños, que en la actualidad se conoce como *bullying*; cómo es la vida tan acelerada que nos caracteriza; cómo la búsqueda desproporcionada de bienes materiales propicia todo tipo de corrupción; cómo la ausencia del ejercicio o aplicación de valores humanos más encumbrados –mismos que nos permiten alcanzar nuestra verdadera dimensión, así como una genuina espiritualidad–, son señales inequívocas de que podemos encontrarnos en un proceso entrópico y destructivo, que podría explicar la violencia y la crueldad que parecen inexplicables desde un enfoque exclusivamente socioeconómico. Además, la neurosis, las depresiones que afectan incluso a los niños más pequeños, así como todo tipo de adicciones que son el flagelo de nuestros tiempos, nos obligan a buscar otros senderos para encontrar no sólo explicaciones, sino también caminos y alternativas de auténtica solución.

Los resultados que se obtienen ante tantos programas e intentos fallidos que se realizan día con día para lograr cambios sustanciales, nos hablan de que no estamos haciendo lo correcto. Los accidentes funestos, las tragedias cotidianas, las aberraciones inexplicables, como que un piloto busque el suicidio no de manera individual, sino acompañado con su tripulación y pasajeros; como que los niños y adolescentes violen y asesinen de una manera cruel y sanguinaria a otros niños; como que las madres les saquen los ojos a sus hijos; como que tantos jóvenes y adolescentes pierdan no sólo las esperanzas, sino también sus propias vidas en accidentes, asaltos, secuestros, drogas, alcohol, sexo desbocado, etcétera, nos obligan no únicamente a buscar posibles explicaciones, sino también soluciones que nos permitan una genuina trasformación y trascendencia.

Y aun cuando las apariencias denoten lo contrario, te aseguro que nos encontramos ante una fantástica oportunidad de transformación; recuerda que en la entropía, cuya característica es generar caos y destrucción, se presenta la invaluable posibilidad de transformar esa energía en un nuevo y más complejo sistema, pues es la ocasión de forjar una nueva era, un nuevo mundo y una tierra mejor. También, ten en cuenta que nunca está más oscuro que cuando el amanecer se aproxima, la noche oscura por la que atravesamos como humanidad, no es más que el preámbulo de un nuevo y maravilloso amanecer.

Es tiempo de traspasar las fronteras que marca la materia, para aventurarnos a retornar conscientemente a la luz, la fuerza espiritual que es intangible e invisible para los sentidos físicos, pero que es perceptible para el alma y que se anhela silenciosamente desde lo más profundo del corazón. Sólo desde el aliento de esa fuerza infinita que constituye el manantial infinito de donde toda vida procede, la soledad se transforma en edad de sol, la oscuridad en luz, la carencia en infinita abundancia, la enfermedad en salud y el caos en armonía.

Para acceder conscientemente al campo invisible e intangible que ahora sabemos que es la fuente y origen de toda creación, se requiere humildad, mucha humildad para reconocer nuestra pequeñez y enorme limitación material frente a la majestuosidad y el poder de la mente infinita del todo, el absoluto, que es el origen y la fuente generadora de toda vida.

En nosotros se encuentran los recursos necesarios para lograrlo. Estoy segura de que es posible aprovechar toda la energía entrópica y destructiva que prevalece en nuestros días, para construir un nuevo sistema de manifestación, en donde la paz, el orden, la armonía, el servicio, el amor y la gratitud prevalezcan en nuestros propósitos y manifestaciones.

Bruce H. Lipton y Steve Bhareman[6] señalan que la evolución no se ha dado en forma lineal, sino en *saltos cuánticos*, y que ésta se ha llevado a cabo a lo largo de la historia cuando en momentos de intensa crisis (actividad entrópica o destructiva) los organismos establecen un nuevo orden, del cual surge un sistema más complejo tanto de vida como de manifestación. En su libro ambos autores marcan la abismal diferencia entre la evolución cuántica y la evolución darwiniana materialista sin Dios.

Por su parte, Bruce Lipton, en su libro *La biología de las creencias*, que está basado en los espectaculares avances de la biología molecular, señala que sí es posible cambiar la información genética; no obstante, para lograr este propósito es indispensable el recurso de la fuerza espiritual, en tanto, que sólo el pensamiento positivo y el cambio de la alimentación no son suficientes. Este autor destaca también el poder

---

[6] Bruce Lipton, *La biología de la transformación*, Madrid, Gaia Ediciones, 2012.

e influencia de nuestras creencias en los procesos de salud y de enfermedad.

Por otro lado, nos dicen los investigadores de la física que 99% de los átomos es vacío, es decir, que en cada átomo existe un campo intangible e invisible a los sentidos físicos, y según nuestro análisis, en esencia éste corresponde a la mente infinita del Padre, al absoluto, la fuente espiritual de la que emerge toda manifestación material. Por medio de los descubrimientos estelares de la física cuántica, sabemos también que la mente humana tiene una influencia determinante sobre la realidad material. Si éste es el caso, te aseguro que tenemos frente a nosotros la más grande y fantástica oportunidad ante la realidad material violenta y devastadora que enfrentamos día a día. Podemos transformar el mundo entrópico y destructivo que parece que se desmorona entre nuestras manos. Podemos convertirlo en un mundo nuevo en donde prevalezca el orden, la armonía y la paz, recuerda que los recursos se encuentran al alcance, están en nuestra propia mente y en nuestro corazón.

Hasta aquí hemos recorrido un camino fascinante y revelador, que –espero de corazón que así sea– nos ha permitido renovar la llama de la esperanza y de la fe sobre que es posible transformar nuestro mundo y nuestra realidad en lo que el corazón anhela.

Por inconsciencia e ignorancia parece que la vida nos ha dejado de lado, pero en realidad la vida misma en toda manifestación reclama la intervención de nuestra presencia y de nuestra verdadera e infinita dimensión humana. Estoy segura que despertando el infinito potencial interior y al conectarnos conscientemente con la mente infinita del Padre, fuente generadora de toda manifestación material, podemos lograr que lo que parece imposible a los ojos de la materia se haga posible.

Si acaso piensas que ante la noche oscura que enfrentamos como humanidad ya no hay camino ni solución, te invito a que te aventures, aunque sea por curiosidad, a descubrir ahora el fascinante universo de nuestra mente y el potencial de infinita transformación y creación que en ella se encuentra, así como a conocer cómo se forman los agujeros negros de la inconsciencia. Pero, sobre todo, te insto a explorar las posibilidades que éstos nos otorgan para transformar y crear una nueva y maravillosa realidad mental, material y espiritual.

Segunda parte

Capítulo 1

La mente, los hoyos negros y la realidad material

> Los pensamientos, en esencia, al igual que
> los átomos que pueblan el universo, son
> impulsos de energía e información.
> PAUL DAVIES

Amparados por la ley de correspondencia, la cual postula que: *como es arriba, es abajo*, podemos comprender cómo funciona el universo, saber de qué manera se desempeña nuestra mente, y al entender cómo lo hace, seguir conociendo el universo y descubrir la forma en que es posible transformar y trascender nuestra realidad cotidiana.

Con todas estas revelaciones nos será mucho más sencillo descubrir quiénes somos en realidad, cuál es nuestro origen, nuestra esencia y nuestro infinito potencial tanto para transformar nuestra realidad y trascenderla como para convertirnos en el ser humano de dimensiones infinitas que podemos y debemos ser.

La inquietud que generaba en mí el proceso de recuperación de los Alcohólicos Anónimos, para quienes un despertar espiritual es indispensable para superar la obsesión por la bebida y para lograr mantener la sobriedad día con día, me impulsó a observar directamente su proceso de evolución. Esto me llevó a investigar en diferentes áreas del conocimiento humano: religión, teosofía, filosofía, neurociencia, metafísica, psicología, psiquiatría, biología, biología molecular, etcétera. No obstante, las respuestas eran escasas, mientras que las dudas y las preguntas aumentaban descomunalmente.

Curiosamente fue en la física cuántica en donde encontré *la punta del hilo de la madeja*, pues pude comprender el asombroso y fascinante comportamiento de las partículas más diminutas de la materia, mejor conocidas como *quarks*, las cuales despliegan impresionantes cantidades de energía mientras están en función partícula, es decir, cuando son visibles y perceptibles para los sentidos físicos (aun cuando esto sea con complejos aparatos de observación y medición). También, ellas chocan unas contra otras, como si siguieran un patrón individualista. Esto sucede igualmente en nuestra realidad material hoy en día: parece que cada persona solamente ve la conveniencia para sí mismo, o como dice el dicho: *cada quién para su santo*.

Hasta que los *quarks* realizan una inclinación o sumisión, conocida como función de onda de Schrödinger, es cuando desaparecen al ojo humano y penetran en un campo intangible, invisible e imperceptible para los sentidos físicos. Así, cuando retornan al plano material son las mismos, pero ya no son los mismos.

Este proceso es el que precisamente acontece al enfermo alcohólico cuando a partir de un fondo emocional que literalmente lo tira en la lona, o bien, mediante una derrota voluntaria, en la que acepta su problema con la manera de beber, invoca a un poder superior –o como cada quien pueda concebirlo– y señala al instante que la obsesión por beber ha desaparecido.

Cabe mencionar que sus compañeros de grupo le señalarán al alcohólico que esa sensación de libertad es sólo por hoy, y que la lucha por mantenerse sobrio es de cada día, es decir, de cada hoy.

Para mí era evidente la gran similitud que existe entre lo que acontece en el momento que el alcohólico activo acepta su problema con la manera de beber, con lo que acontece en el campo cuántico o mundo subatómico. Explicaré esto en seguida. Cuando las partículas más diminutas de la materia son perceptibles en el plano material, chocan unas contra otras. Pero cuando a través de una inclinación, sumisión o función de onda logran penetrar en el campo invisible e intangible (del que emerge toda la materia), desaparecen de la captación de todo canal sensorial. Y al momento que retornan al plano material, son las mismas, pero ya no más las mismas. El acceso a esa dimensión invisible e intangible transforma a las partículas, aun cuando sea de manera temporal. Esto mismo sucede con el enfermo alcohólico cuando su obsesión por la bebida desaparece sólo por hoy.

Y fue así que, sin siquiera imaginarlo y mucho menos pretenderlo, se comenzó a estructurar el modelo de la Psicología Cuántica y del Espíritu®, hoy Psicelogía. Mediante investigación de campo, entrevistando y escuchando a muchísimas personas que padecen la enfermedad del alcoholismo y diferentes adicciones, y por la investigación teórica que, como ya te mencioné anteriormente, me permitió incursionar en diferentes ramas del saber humano, pude elaborar este enfoque psicológico, el cual tiene como estructura los siguientes pilares fundamentales:

- El componente espiritual o campo intangible e invisible del que emerge toda la creación y las leyes eternas en las que se encuentra sustentado el universo.

- Los principios más relevantes de la física cuántica, mismos que explican el proceso de la creación en el campo cuántico o subatómico.

Ya desde mis primeros libros: *Pensando en ti* y *El infierno del resentimiento y la magia del perdón*, se planteaba la idea de las dos potencias de la mente y los tres niveles (dos inconscientes y uno consciente). Uno de estos literalmente jala y arrastra, además de que nos conduce hacía un pozo de oscuro en el que se experimenta el caos, el vacío y la desolación, y que nos conecta con la fuerza entrópica y destructiva de la materia. El otro nos conecta con la paz, la armonía, el bienestar físico, emocional y espiritual. Es el que literalmente nos enlaza con el campo invisible e intangible para los sentidos físicos, de donde procede la fuerza espiritual que es esencia y sustento de toda creación. Y finalmente, un nivel consciente que nos permite darnos cuenta de lo que acontece en nuestro entorno o realidad material, y de lo que sucede en nuestro interior, en nuestra mente (esfera de la razón) y en nuestro corazón (esfera afectiva).

Con los conocimientos y experiencias adquiridos a lo largo de casi 30 años, el modelo de la Psicología Cuántica y del Espíritu®, o Psicelogía, se enriquece día con día, y propone como estructura básica que la mente tiene dos potencias: luz o día de la mente, y la oscuridad o noche de la mente.

En la primera se genera paz, armonía y creatividad, nos conecta con la fuerza espiritual o fuente generadora de toda vida y se alimenta del momento presente, de cada hoy. Mientras que en la segunda se percibe caos, dualidad y destrucción, en tanto se alimenta del ayer y del mañana, porque se desfasa de cada hoy, el único momento que nos pertenece.

En la potencia en la que prevalece la oscuridad o noche de la mente se perciben, además, cuatro tendencias:

1. Una que tiende hacia la muerte y la destrucción. Es cuando parece que la vida ya no tiene sentido, se pretende concluir una relación, hacer una *fuga geográfica*, es decir, huir de la circunstancia o evadir a la persona que genera daño, dolor o sufrimiento. En esta tendencia incluso aparecen pensamientos suicidas.

2. Otra que se inclina hacia la vida y la esperanza de que todo cambie. Aquí se dicen cosas como: "Bueno, mejor me quedo", "Lo voy a perdonar", "El lunes comienzo", "Ahora si va la buena", etcétera.

3. Una que nos impulsa a sentirnos únicos y maravillosos, a sentirnos en los cuernos de la luna y, generalmente, más y mejor que los demás.

4. Otra más que nos lleva en *caída libre* hacia las profundidades del abismo de la inconsciencia, y nos hace sentir que estamos *trapeando el mar*, es decir, percibir una profunda desolación y la angustia que genera el pensamiento de que la noche oscura por la que atravesamos no tiene fin.

Lo relevante de esta dinámica de la parte oscura del inconsciente, es que se manifiesta en una gran inestabilidad y conflicto interior, lo cual propicia estados pasajeros de bienestar y otros de profundo malestar que cada vez se muestran más intensos y oscuros. El genuino cambio se logra sólo hasta que hay una apertura de conciencia o despertar espiritual, el cual puede surgir de lo que se conoce como un *fondo emocional* o gran sufrimiento, o por medio de la *derrota voluntaria*, de la que más adelante te voy a comentar.

Ahora, vamos a continuar con nuestro análisis. La mente tiene tres niveles:

1. *Nivel subconsciente.* Alberga la potencia de oscuridad o noche de la mente. Se encuentra ligado a la fuerza entrópica y destructiva de la materia por medio de la baja densidad de la frecuencia vibratoria de pensamientos, sentimientos y emociones. Además, corresponde a la energía que conforma al *agujero negro de la inconsciencia.*

2. *Nivel supraconsciente.* Es el que cobija la potencia de claridad o día de la mente. Nos conecta con la fuerza espiritual o la mente del absoluto y nos permite experimentar paz, armonía y serenidad, mediante la elevada frecuencia vibratoria de pensamientos, sentimientos y emociones. Se manifiesta en la salud de la mente y del cuerpo, así como en el bienestar en todas y cada una de las áreas de la existencia.

3. *Nivel consciente.* Nos permite darnos cuenta tanto de la realidad externa o material así como de la actividad interior: mental, emocional y espiritual. Se enriquece, es decir, se ilumina y expande mediante el conocimiento del contenido o actividad de los niveles sub y supraconsciente.

Tanto el nivel subconsciente como el supraconsciente forman parte del inconsciente, es decir, no nos damos cuenta del impacto que tienen ambos en nuestra vida emocional, en la actividad mental consciente y en nuestra realidad material hasta que se realiza un esfuerzo consciente con el afán de autodescubrirse, sanar las fracturas emocionales generadas en el ayer, principalmente en la infancia, así como entablar un contacto consciente con el Ser supremo, fuente generadora de toda vida.

Con todo lo anterior, ya podemos establecer la estructura de la dinámica de la mente, ahora nos corresponde entender qué energía caracteriza a cada uno de los niveles de la mente.

La energía que alienta al nivel subconsciente o noche de la mente es el miedo. Mientras que el amor alienta el nivel supraconsciente o día de la mente. La conciencia es el cuerpo o campo luminoso que se alimenta del conocimiento de nosotros mismos, de nuestro nexo eterno con el Creador o fuente generadora de toda vida, así como de nuestro entorno o realidad material. De tal manera que podemos entender que la conciencia es el conocimiento o la capacidad de darnos cuenta tanto de lo que acontece en nuestro interior como en nuestro exterior. Lo anterior permite que, al igual que una estrella que aumenta su luminosidad, crezca la capacidad de conocimiento y el impulso para la acción, creación, regeneración, transformación y trascendencia tanto de nuestra realidad exterior como interior.

Este paradigma nos permite considerar un panorama muy amplio de la estructura y dinámica de la mente, así como de sus potencias y niveles. Amparados por la ley de correspondencia (que postula que *como es arriba, es abajo*) podemos extrapolar este esquema para comprender lo que acontece en el universo, e incluso acceder hasta las estrellas para entender su comportamiento así como el de los agujeros negros, que son calificados como los titanes del universo, arquitectos y destructores del mismo.

Confío en que la comprensión de la dinámica de la mente también nos permita comprender mejor lo que acontece en el universo, tal como lo señalan los iniciados de *El Kybalión*, en cuanto a que la comprensión de cualquier nivel de expresión de vida nos permite conocer lo que pasa en los diferentes planos de la existencia y con ello también nuestro rol en el cosmos, así como la influencia de nuestros pensamientos, palabras, sentimientos y acciones en los procesos de creación y destrucción y transformación de nuestra realidad.

Con estas herramientas ahora vamos a intentar realizar algunas analogías o similitudes de lo que ocurre en nuestra mente con lo que acontece en el universo.

Estas analogías son las siguientes:

- El nivel subconsciente o noche de la mente es a la parte oscura, la cual jala y arrastra sumergiéndonos en profundos pozos de angustia y desolación. Corresponde a la fuerza de gravedad que distingue la actividad de los agujeros negros del universo.

- La conciencia corresponde al cuerpo luminoso o estrella, la cual se ilumina y expande con cada experiencia, aprendizaje, así como con el contacto consciente con el conocimiento de los pensamientos, sentimientos y recuerdos que se albergan en el agujero negro de la insconciencia. También se incrementa con el Ser supremo, mediante el ejercicio de todo lo que nos enaltece como seres humanos: la bondad, la compasión, la honestidad, la lealtad, el amor, el servicio, la gratitud, la oración, la meditación, etcétera.

- El nivel supraconsciente, que permanece invisible e imperceptible hasta que se hace consciente, es el que nos permite mantener un nexo consciente con la mente del todo o el absoluto, es decir, darnos cuenta y aceptar que existe un Ser supremo, una inteligencia infinita cuyo amor y bondad resultan incomprensibles para la razón humana, ya que sólo puede ser percibida con los ojos del alma y con el corazón. En este sentido vale la pena recordar lo que Emanuel Kant, quien señala la enorme limitación de ésta, cuando se cuestiona sobre la vida, la muerte, el alma o Dios, que la razón no tiene explicación, en tanto son conceptos que rebasan su campo de incidencia y conocimiento.

Figura 4. Semejanza de los niveles de la mente con los hoyos negros

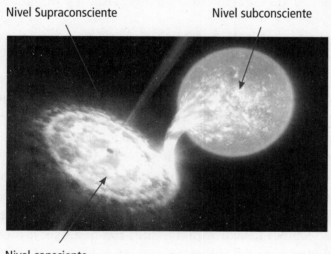

Nivel Supraconsciente

Nivel subconsciente

Nivel consciente

Fuente: Imagen creada por la Organización Europea para la Observación Astronómica en el Hemisferio Austral (ESO, por sus siglas en inglés).

Ahora bien, con estos principios trataré de explicar la similitud de la actividad del nivel subconsciente de la mente humana, la noche de la mente, con la actividad de los agujeros negros del universo.

Pero antes de aventurarnos en esta tarea, recordemos que en el universo, cuando la energía que fluye originalmente como onda se colapsa mediante un efecto de frenado, se produce el espacio-tiempo, y con ello la gravedad que curva el espacio (Einstein) y que ejerce una poderosa fuerza de atracción (Newton) –la cual inicialmente atrae más materia–, y por la fuerza entrópica en la que se observa la lucha de las fuerzas centrípetas y centrífugas (Pitágoras), se desintegra la materia y se libera la luz (radiación de Hawking) que en forma de energía alimenta los cuerpos celestes y brillantes del universo.

Desde mi punto de vista, en la mente humana la potencia de oscuridad tiene una función similar a la de los agujeros negros en el universo. También parece que devoran nuestra existencia y nuestros sueños porque propician la actividad de varios componentes que generan la turbulencia de la mente, misma que se manifiesta en el cuerpo como enfermedad, obesidad, cansancio y deterioro en general (esto podría explicar en gran medida las enfermedades crónico-degenerativas). Este proceso también ocurre en la mente, tanto en la esfera de la razón como en la esfera afectiva, y los padecimientos correspondientes son neurosis, ansiedad, depresión, angustia, tendencia a las adicciones, vacío interior y soledad. Finalmente, en la realidad material aparecen carencias, conflictos de todo tipo, adversidades, violencia injustificable y hasta tragedias.

Son muchos y diferentes los estados de ánimo que alimentan a la fuerza entrópica que se manifiesta en esta potencia. No los podemos calificar de malos, ya que cuando están alentados por el miedo, toman un cauce destructivo correspondiente a la potencia de oscuridad de la mente. En este momento es cuando parece que habitas en el mundo del revés: todo lo que quieres se te va de las manos, y todo de lo que pretendes escapar te atrapa con cadenas y candados. ¿Notas alguna similitud con la vida real?

Todos los pensamientos, sentimientos y emociones son importantes y necesarios. Tenemos derecho a sentir lo que sentimos, solamente que cuando no consideramos el impacto que éstos pueden tener en el entorno, en nosotros mismos y en los demás, es decir, cuando no somos conscientes y responsables de lo que pensamos, decimos, sentimos y hacemos, nos sumergimos en automático en la vorágine del agujero oscuro de la inconsciencia, en donde los problemas y las adversidades no se hacen esperar.

Para continuar en este camino de conocimiento, en el siguiente capítulo vamos a ver cómo se estructuran los agujeros negros de la inconsciencia y los componentes que los integran.

Capítulo 2

Los componentes de los hoyos negros de la inconsciencia

Son muchos y muy variados los componentes que generan y alimentan la fuerza entrópica y destructiva del agujero negro de la inconsciencia, entre ellos destacan los siguientes: miedo, resentimiento, culpa, fracturas emocionales generadas principalmente en la infancia, defectos de carácter en la dinámica de exaltación y represión.

El miedo es el que colapsa la energía o fuerza espiritual que nos conecta con la mente infinita del Padre y nos sumerge en el agujero negro de la inconsciencia. En esencia es la ausencia del amor, pues tiene la cualidad de conducirnos hacia el pasado para recordar los eventos dolorosos y destructivos de nuestra historia, de los seres que amamos, de los que conocemos y de la humanidad en general. El miedo es la memoria del ayer traumático y doloroso que hemos experimentado como humanidad. También nos conduce hacia el mañana y a *futurizar*, es decir, a imaginar todo lo malo que pudiera acontecer en un tiempo que no nos pertenece, y que incluso ni siquiera tenemos la garantía de que pudiera llegar. Esta emoción genera pensamientos que producen angustia sobre un futuro incierto, pero es a la vez la llamada de alerta por lo que pudiera pasar.

La dinámica mental que produce el miedo al deambular entre el ayer y el mañana genera exaltación de las emociones.

Esto propicia violencia, adicciones y neurosis, entre otras cosas. También puede ocurrir que se repriman las emociones y que se genere victimismo y una tendencia hacia la autocondolencia, la autoconmiseración, la amargura, la frustración e incluso la depresión, y hacia las adicciones tanto emocionales como químicas, entre muchas otras *chuladas* de la inconsciencia.

Y por la ley de atracción o ley catódica que caracteriza a toda manifestación de energía, es que la violencia genera más violencia. Por eso, la víctima atrae al victimario, y junto con él a los mil motivos para llorar y sufrir. También es común que una persona violenta y agresiva atraiga personas sumisas, las cuales jugarán el papel de víctimas.

Con esta dinámica o movimientos particulares de la mente, se genera la fuerza entrópica y destructiva del subconsciente o noche de la mente, y se forma *el agujero negro de la inconsciencia,* en el cual se observa la siguiente dinámica:

- *Tendencia al caos, la muerte y la destrucción.* Ésta se ejemplifica con frases como: "Que todo se acabe", "Me quiero morir", "Me voy a divorciar", "Voy a irme lejos", etcétera.
- *Tendencia hacia la vida.* Sus frases son: "Ya le voy a echar ganas", "El lunes comienzo", "Le voy a dar una nueva oportunidad", "Ahora si va la buena", entre otras.
- *Tendencia hacia la exaltación.* Ésta se evidencia con brotes de ira, atracones de comida o bebida, ejercicio extenuante, etcétera.
- *Tendencia hacia la represión.* Tiene su expresión en culpa, arrepentimiento, anorexia, bulimia, agotamiento, flojera, etcétera.

Como podrás darte cuenta, esta dinámica distintiva del agujero negro de la inconsciencia es como la que propone Pitágoras para definir la fuerza de gravedad (véase figura 2); la lucha entre las fuerzas centrípetas y centrífugas, que desde luego también es similar a la fuerza entrópica o destructiva que acontece en los agujeros negros en el espacio. Recuerda, *como es arriba, es abajo.*

De tal manera que el miedo ejerce una función similar a la fuerza de gravedad en el universo, literalmente jala y arrastra hacia pozos profundos de angustia y desolación, oscuridad, turbulencia y conflicto, lo cual equivale al agujero negro de la mente. Y así como en el universo la gravedad curva al espacio, en la mente genera frecuencias vibratorias de muy baja densidad, es decir, desciende o curva la dinámica de la mente y la energía que ésta genera a través de los pensamientos, los sentimientos y las emociones; por lo tanto, la realidad material se ve afectada, porque atraes lo que piensas, y creas lo que crees.

Es claro que cuando el miedo se hace presente realiza un efecto de frenado en la mente, es decir, nos succiona de la potencia de luz, nos separa inconscientemente de la fuerza espiritual, y nos desconecta de la mente infinita del Padre, del absoluto y del todo, además de que nos ancla a la fuerza caótica y destructiva de la materia.

El miedo genera una fuerza entrópica o destructiva similar a la lucha de fuerzas centrifugas y centrípetas que definen la fuerza de gravedad de Pitágoras, y que, como hemos visto, también ejerce una fuerza de atracción similar a la que propone Newton. Cuando el miedo está activo, tanto en la esfera afectiva como en la intelectual o de la razón, se genera caos, dualidad, conflicto, dolor y sufrimiento en nuestro interior, y por tanto, es como si fuera una *condena de inconsciencia*.

Este sentimiento atrae personas y circunstancias que avivan la turbulencia de nuestra mente, además de problemas, conflictos, carencias, enfermedades y todo aquello que quisiéramos ya no experimentar más. Aun cuando esto sea de manera inconsciente, nos conduce hacia el mundo del revés, en donde todo lo que quieres se te va de las manos, y todo aquello de lo que pretendes escapar, te atrapa con cadenas y candados. En este momento es cuando buscas amor y encuentras desamor, y mientras más luchas por escapar de problemas y contrariedades, éstas te llueven. ¿Encuentras alguna similitud con la vida real?

Además, el miedo nunca anda solo; podríamos decir que *es pandillero*, pues siempre va acompañado de otros componentes de la inconsciencia, principalmente del resentimiento y de la culpa. Asimismo, aumenta el dolor generado por las fracturas emocionales de la infancia, lo cual propicia la repetición de patrones de conducta destructivos y dolorosos que nos llevan a dañar a los que más decimos amar, e incluso a destruir nuestra propia vida. Nos sumerge en profundas depresiones, neurosis, apegos, relaciones dependientes y destructivas, angustia, adicciones, violencia, vacío interior y desolación. ¿Te parece que en estas ideas hay algo de parecido con la realidad?

El resentimiento hace también de las suyas. Desde mi punto de vista esta emoción actúa de manera semejante a la gravedad cuando curva el espacio. Como se agrega el componente afectivo, se genera la curvatura de la mente y se baja la densidad de la frecuencia vibratoria de pensamientos, sentimientos y emociones. Por la ley de atracción vienen a nosotros personas y circunstancias que nos conducen de manera inconsciente a incrementar el dolor, la adversidad y el sufrimiento. Podríamos decir que el hundimiento que propicia el resentimiento es directamente proporcional al incremento de la adversidad que éste genera, lo cual determina que una persona resentida experimente el dolor y el sufrimiento de todas las formas imaginables, convirtiéndose éstos en la constante del diario vivir.

El resentimiento, tal como su nombre lo indica, es volver a sentir. El agravio de antaño cobra vida contaminando cada hoy, que es el único momento que te pertenece. El pasado, tal como diría Martin Heidegger: "Tuvo su tiempo y se fue,… ya no es más"; y el mañana es sólo una ventana a la esperanza, porque puede que llegue o que tal vez no; el ayer es tu camino y ocasión de aprendizaje y el mañana es sólo una posibilidad, una esperanza; cada hoy constituye la oportunidad de aprender del ayer, de perdonar todo aquello que nos dañó y forjar el mañana con el aprendizaje que te dejó la experiencia, y la libertad emocional y espiritual que te regala el genuino perdón.

No se te olvide que cada hoy es el único momento que te pertenece. ¡Valóralo! ¡Cuídalo! Es desde cada hoy que la vida te ofrece la posibilidad de transformar tu historia en la mejor historia, y forjar un mañana que vaya acorde a tus sueños más encumbrados y tus ilusiones más secretas. Este hoy pasa a ser ayer y mañana será un nuevo hoy, por eso si tu hoy es bueno, tu ayer y tu mañana serán también mejores. ¡Vive intensamente cada día!

Lo importante en este momento es entender en el miedo, el resentimiento agrega la parte emocional, o componente femenino, al recuerdo o pensamiento, el cual es el componente masculino. La unión de ambos elementos (cuando el sentimiento se une al pensamiento que ha sido generado por el miedo) ocurre no sólo cuando recordamos el daño o la agresión, sino cuando experimentamos la sensación de estarlo viviendo en el momento en que los recuerdos dolorosos nos invaden. Con la fusión de estas dos fuerzas o potencias, y por medio de la ley de generación, nos vemos conducidos una y otra vez hacia tiempos y momentos que sólo deberían formar parte de nuestra historia. Entonces, nuestro aprendizaje, que debería ser motivo e impulso de superación, y de esperanza en un mañana mejor, al estar teñido con la angustia y el dolor que genera el miedo y el resentimiento, se convierte en el *turibús de la inconsciencia*. El cual nos lleva incansablemente hacia el pasado para recordar los hechos lastimosos que generan tristeza y depresión, y a la vez, hacia un futuro incierto que produce angustia y desolación. Sólo que el paseo no es gratis, cada vez que nos resentimos, las frecuencias vibratorias de los pensamientos, sentimientos y emociones descienden de manera alarmante, curvan nuestra mente, forman los ciclos de la espiral del agujero negro de la inconsciencia, y perpetúan la noche oscura del alma, la cual, parece no tener fin.

Estando sumergidos en la densidad de las frecuencias vibratorias del agujero negro de la inconsciencia, por la ley de atracción (que equivale a la definición de Newton de gravedad), nos predisponemos a atraer mayores y más complejos problemas, además de un *titipuchal* de adversidades y sin sabores.

¿Piensas que la vida te dejó de lado? ¿Qué Dios te agarró de marchante? ¿Qué no acabas de salir de una cuando ya estás en otra? Haz un alto en el camino y reflexiona sobre tus miedos y resentimientos; te aseguro que ahí vas a encontrar la respuesta a tus mil preguntas y descontentos, y hallaras las causas que generan los efectos que conforman tu realidad cotidiana. Recuerda la ley de la atracción: *atraes lo que piensas, y creas lo que crees.*

Es por ello que considero relevante entender que el perdón y el resentimiento son dos procesos diferentes que se deben trabajar por separado. Cada *viajecito* patrocinado por el resentimiento agrega un ciclo a la espiral del agujero negro de la inconsciencia. Mientras más añejo y sostenido es el resentimiento, mayor es la densidad de la frecuencia vibratoria de los pensamientos, sentimientos y emociones. Así se logra que un agujero negro de la inconsciencia esté *súper cargado*, y es cuando percibes que no acabas de salir de una cuando ya estás en otra; cuando piensas que la vida te dejó de lado, que el Creador ya te agarró de *marchante* y que ni siquiera te escucha.

El perdón eleva la frecuencia vibratoria de los pensamientos, sentimientos y emociones, y nos eleva al corazón de Dios, a la puerta de acceso de la dimensión intangible e invisible del que procede toda vida y manifestación material.

Así como los investigadores del espacio afirman, respecto al comportamiento de los agujeros negros, que lo que entra en uno de ellos no puede salir a menos de que se haya transformado en algo muy diferente, al grado que no podría ya ser reconocido, en nuestro caso, sólo el proceso de un genuino perdón tiene la capacidad de transformar nuestro interior y entorno exterior.

En el caso de la mente humana y nuestra realidad material, cuando el miedo y el resentimiento nos conducen hacia pozos profundos de desolación y turbulencia, en donde la fuerza entrópica de la materia ejerce su acción devastadora, contamos con la magia y el poder de un genuino proceso de perdón. Éste es el camino de transformación y trascendencia que nos permite aprender de cada experiencia y nos regala un sendero de libertad y crecimiento interior. El perdón es una herramienta invaluable que nos abre la puerta del camino de la libertad.

Ahora bien, los astrofísicos han logrado detectar los colores violeta y rojo en algunos agujeros negros del espacio. No olvides que a nivel metafísico el violeta representa el perdón, la misericordia divina, así como la consumación o limpieza de lo negativo y la transmutación de la oscuridad en luz. El rojo caracteriza al chacra o centro de energía colocado en la parte más baja de la columna vertebral conocida como *muladhara*, y es precisamente el que nos ancla o conecta con la materia y con ello también a la energía caótica y destructiva que le caracteriza.

Te puedo asegurar que sin realizar un proceso de auténtico perdón resulta imposible salir del agujero negro de la inconsciencia; hay salidas temporales, tal como lo veremos más adelante, pero la genuina libertad, la que te permite transformar el dolor del agravio en una estrella de luz, es auspiciada sólo por el perdón verdadero, el que se entrega de corazón.

No obstante, en cuanto hayas realizado un proceso de perdón desde lo más profundo de tu ser y te encuentres emocionalmente *columpiándote en las estrellas*, disfrutando la libertad que te regala el perdón, puede pasar que te resientas y que te veas *trapeando el mar*, sumergido de nuevo en el pozo oscuro de la desolación, en donde el dolor y el sufrimiento se hacen presentes una y otra vez, acelerando la actividad entrópica del agujero negro de la inconsciencia.

Se dice que el resentimiento es como el que te debe dinero y no te quiere pagar. Tú perdonas de corazón, al grado que pides para tu deudor lo mismo que pedirías para ti y para los que amas, pero en cuando te llega un cobro y no tienes con qué pagar, te acuerdas del que te debía. Al instante, el resentimiento de nuevo se instala a sus anchas y curva la mente (baja la frecuencia vibratoria de tus pensamientos, sentimientos y emociones). Acompañado del miedo y de otras emociones como el enojo o la ira, te lleva hacia el pasado para recordarte que te debían; inmediatamente después te conduce hacia el futuro para llenarte de angustia y advertirte de todo lo que te puede pasar si no cubres tus deudas.

De esta manera, tus pensamientos vuelven a ser obsesivos, te recuerdan una y otra vez la deuda que *fulanito* tiene contigo. El coraje y la ira te invaden de nuevo, incluso es muy probable que alimentes deseos de venganza o, por lo menos, el deseo de cobrarte *a lo chino*, y cuando menos lo piensas, ya estás sumergido una vez más en la espiral del agujero negro de la inconsciencia, y todo comienza a salirte mal, porque atraes lo que ya no querías vivir. Es cuando piensas que la vida es injusta y te enojas con Dios y, como por arte de magia, llega la culpa y con ella el dolor y el sufrimiento que ya conocías.

La culpa es el producto de la fusión del miedo y el resentimiento (pensamientos y sentimientos de índole destructiva), es la carcelera que nos mantiene anclados y prisioneros de la fuerza entrópica del agujero negro de la inconsciencia. Nos convierte en esclavos del pasado que no hemos enfrentado y no merecedores de un mañana mejor. La culpa te conduce una y otra vez hacia el pasado, mediante una voz silenciosa te acusa en repetidas ocaciones de lo que hiciste o dejaste de hacer, te recuerda que tus múltiples errores no te hacen merecedor de nada bueno en tu vida. Es entonces cuando te conduce hacia un futuro incierto generado por el miedo y el resentimiento, y te convierte en boicoteador de tus propios sueños y sepulturero de tus más grandes ilusiones. La culpa se encarga de poner nubes negras en el panorama de tu futuro y lo hace parecer como un suplicio, un infierno que te angustia y desespera, aun cuando ese mañana, tan temido, puede nunca llegar.

La culpa actúa callada y silenciosa. De manera inconsciente, atrae a tu vida personas que te lastiman y que te hacen sufrir; también llama situaciones caóticas y adversidades de todo tipo. Te hace pensar y sentir que es Dios mismo el que te castiga. Genera un círculo vicioso en tu mente: a mayor culpa, mayor castigo, dolor y sufrimiento. Te puedo asegurar que una persona que siempre enfrenta adversidades, enfermedades y problema está intoxicada por la culpa, pero como esta emoción es silenciosa, callada, casi nunca nos damos cuenta de que traemos cargando al enemigo a cuestas.

El dolor y la vergüenza que originan el resentimiento y el miedo alimentan la culpa, la cual, como te mencioné, nos mantiene encadenados a la fuerza entrópica y destructiva de nuestros propios agujeros negros que se generan en la actividad inconsciente de nuestra mente, atraen aquello que un día juramos nunca volver a vivir, y nos convierte en lo que más odiamos porque dañamos a quien más decimos amar. Las fracturas emocionales que generalmente sufrimos en la infancia nos sumergen en un pozo de desolación, vacío interior, adicciones, depresiones, neurosis, apegos que generan relaciones dependientes destructivas, carencias, enfermedades, soledad y miedo.

Para ilustrar lo anterior te mencionaré alunos ejemplos: un niño que vive sumergido en un núcleo de violencia, se siente culpable. Un niño culpable se convierte en un adulto miserable. Si experimenta la violencia como víctima, más tarde se convertirá en victimario. Un niño maltratado y golpeado, se convertirá en un adulto golpeador, y maltratará sin misericordia a todo y a todos los que se le pongan al frente. O bien, adoptará el papel de víctima, sumergido en una sumisión inexplicable, la cual estará alentada por el miedo y atraerá a su vida violencia y victimarios repetidamente.

Un niño que ha sido abandonado física o emocionalmente, inconscientemente se sumerge en un agujero negro de la inconsciencia, en el que se encontrará a lo largo de su existencia resonando, es decir, atrayendo pérdidas de todo tipo: de salud, de relaciones, de trabajo, de dinero, de seres queridos, etcétera. Por eso, pensamos que nacimos estrellados o que Dios la agarró contra nosotros.

Te podría poner uno y mil ejemplos más de lo que se genera con los eventos dolorosos y destructivos que experimentamos en la infancia, y como éstos nos mantienen sumergidos en agujeros negros de la inconsciencia, repitiendo patrones dañinos y destrozando la vida de los que más amamos. Lo anterior aumenta la potencia de la culpa, la cual se encarga de traer en cada ocasión una avalancha de problemas, conflictos y adversidades suficientes para mantenernos en un infierno permanente.

Sin importar si estamos dormidos o despiertos, ni la fecha ni el lugar, nuestros miedos, culpas y resentimientos se encargan de seleccionar los mejores momentos para echar a perder nuestras expectativas, clausurar nuestros sueños y enterrar nuestras ilusiones.

Ahora que sabemos que toda esta historia de dolor y sufrimiento que produce la actividad entrópica y destructiva del hoyo negro en el que nos encontramos sumergidos como individuos, como familia, como mexicanos y como humanidad, es generada por nuestra inconsciencia y que es alimentada particularmente por el miedo, el resentimiento, la culpa, las fracturas emocionales generadas en la infancia, el egoísmo, la mezquindad, la envidia, y todos los productos de la dinámica de la mente, defectos de carácter como la soberbia, la lujuria, la gula, la pereza, la ira y demás *chuladas* de inconsciencia, cobran un papel fundamental.

Considero que lo relevante ahora es conocer cómo es posible reconocer, enfrentar y transformar cada uno de los componentes de la inconsciencia para que con la fuerza indescriptible que habita en nuestro interior, logremos transformar nuestra realidad material en el mundo que anhelamos, la vida que soñamos, y cancelar la oscuridad y la turbulencia del agujero negro de la inconsciencia para surgir a la luz y la plenitud de la conciencia.

Te ruego que recuerdes en cada momento que lo más importante en este proceso de trascendencia, creación y transformación, es mantenernos religados conscientemente con el Ser supremo, o como cada quien pueda concebirlo, en tanto que de Él y su mente infinita depende el manantial inagotable o fuerza generadora de toda vida. Para ello es importante mantener presente la abismal diferencia entre religión y espiritualidad, en tanto sólo así será posible la tolerancia, la comprensión y el respeto hacia las creencias de cada individuo, de cada religión.

Nunca hay que dejar de lado que más allá del nombre o del concepto, ritos, dogmas y ceremonias particulares de

cada religión, existe un Ser supremo, lleno de bondad y misericordia, cuyo amor rebasa toda comprensión humana, y
que sin estar religados conscientemente a esta fuerza generadora de todo bien, estamos condenados a vivir sumergidos
en la fuerza caótica y destructiva de la materia en donde se
instala la noche oscura del alma por la que atravesamos y que
parece no tener fin.

No olvides que eres criatura amadísima de Dios y que, en
esencia, eres una combinación perfecta de cuerpo y espíritu,
de materia y eternidad, habitante distinguido de dos universos: uno invisible e intangible y el otro visible, medible, tangible y cuantificable. Sólo con la conciencia, es decir, con la
capacidad de darte cuenta, es posible mantener un equilibrio
perfecto y armonioso entre ambos. Además, es importante
iluminar la conciencia misma con el conocimiento de nosotros mismos, de nuestro entorno, de los misterios que nos
revela la naturaleza y el universo, ya que con ellos es posible
conquistar la hazaña más importante de la humanidad: conocer la mente de Dios y su funcionamiento. Así, la conciencia se iluminará como una estrella para alumbrar tus noches
y mantenerte siempre, en todo momento y en todo lugar, conectado con el cielo y con el corazón de Dios.

Sólo de esta manera será posible cumplir nuestros propósitos, cristalizar nuestros sueños más encumbrados con la
fuerza generadora de toda vida, y lograr construir una nueva
y hermosa realidad. Un mundo nuevo, una vida plena de bendiciones para todos y cada uno de los hijos amadísimos de
Dios, y para toda vida en manifestación.

Capítulo 3

Otros componentes de los hoyos negros de la inconsciencia

Para lograr comprender de mejor manera la dinámica de los agujeros negros de la inconsciencia y el infierno que éstos generan en nuestra mente, en nuestro corazón y en nuestra realidad material, es importante conocer otros componentes que alimentan la fuerza entrópica y destructiva de los mismos; éstos son los defectos de carácter que propone la Psicología Cuántica y del Espíritu®, hoy Psicelogía. Estos defectos son los que los Alcohólicos Anónimos reconocen como instintos desbocados y que tradicionalmente son conocidos como los siete pecados capitales. En mi libro *Pensando en ti*, podrás encontrar más información al respecto; por el momento, lo que realmente me interesa es tratar de explicar cómo estos componentes que se encuentran navegando libremente en los niveles más profundos del subconsciente coadyuvan a incrementar la turbulencia o entropía del agujero negro de la inconsciencia.

Vale la pena mencionar que, desde el enfoque de la Psicelogía, los siete pecados capitales pueden adoptar dos tendencias en la dinámica de la mente. La primera es hacia la exaltación (como la ola de mar que se eleva), y la segunda a la represión (como la ola de mar que se hunde).

Los defectos de carácter casi nunca actúan en solitario, se estimulan entre ellos mismos y con los componentes primarios que forman el hoyo negro de la inconsciencia. Estos componentes son el miedo, el resentimiento, la culpa y las fracturas emocionales.

Sin embargo, para poder abordar de mejor manera los defectos de carácter es conveniente estudiarlos cada uno por separado.

1. La soberbia

En primer término se encuentra la soberbia. Este defecto exalta a nuestro *yo pequeño* o *ego*, nos coloca una venda o cortina de autoengaño, misma que nos impide ver la realidad tal cual es. Es como el famoso *elefante blanco* que se trae cargando a la espalda y que todo mundo percibe menos el que lo trae a cuestas. Además, la soberbia nos impide ver a las otras personas como realmente son, las miramos como anhelamos o necesitamos que parezcan, ya que oímos lo que deseamos oír y vemos lo que queremos ver.

Para ilustrar lo anterior, te ofrezco las siguientes frases a manera de ejemplos: "Mi hijo es grosero y mal estudiante porque tiene malas amistades", "Mi marido es infiel por las viejas resbalosas que se atraviesan en su camino", "Soy infiel, borracho y golpeador por tu culpa, porque no haces bien la salsa", "Fulanita es una gran mujer que trabaja todo el día para sacar adelante a sus hijos", cuando en realidad lo que no le gusta es estar en su casa. En ese último caso también hay mujeres que en realidad tienen que trabajar todo el día para sacar adelante a su familia, pero hay otras que se escudan en el argumento de tener que trabajar para no responsabilizarse de su casa y dejar encargados a los hijos con los papás, con los suegros, con los vecinos o con quien sea.

La tendencia a la exaltación de la soberbia se manifiesta como una sensación de ser más importante y mejor que todos los demás. Por ello, se establecen las luchas de poder, la competencia desleal, el autoritarismo, la prepotencia, el despotismo y el abuso en muchos sentidos. El fin es demostrar que se es el mejor, que todo se merece, que la vida está en deuda; y cada ocasión se presenta como la oportunidad de cobrársela caro. El que se encuentra cegado por la soberbia se percibe a sí mismo como *Aladino con la lámpara, bordado a mano o como el ombligo del mundo.*

En esta tendencia las necesidades y el esfuerzo de los demás no cuentan, sólo importa lo que se va a ganar, el prestigio que se va a obtener, servirse de los demás, de los puestos que otorgan algún nivel de mando, siempre con el fin de obtener el propio beneficio. La mira en esta tendencia está en siempre ganar y olvidarse de servir, de ponernos en los zapatos de los demás, compartir, valorar y estimular el crecimiento de los otros.

La soberbia en la tendencia a la represión se manifiesta como una patológica adicción al sufrimiento, al victimismo y a la autocondolencia. Aparentemente parece lo contrario de la soberbia, pero en esencia son lo mismo, sólo que si no se puede ser el mejor en todo, sí ser el que más sufre, el que más llora, el que busca de una u otra forma la atención y la lástima de los demás. En esta tendencia represiva de la soberbia observamos también la baja autoestima, es decir, la poca o nula valoración de sí mismo y la necesidad inconsciente de parecer importante. Cuando no se logra, se genera una adicción patológica al dolor y al sufrimiento; la envidia y los celos vendrían a ser *la cereza del pastel* de este nada carismático defecto de carácter.

Una persona con estas características se encuentra imposibilitada para establecer límites y reglas, acepta y propicia todo tipo de faltas de respeto y agresiones, incluso llega a pensar que el dolor y el sufrimiento son parte indispensable de su diario vivir. Es común observar cómo en la realidad cotidiana estos dos extremos de la soberbia se atraen; altaneros, prepotentes y soberbios atraen gente sumisa y autocondolida; los sumisos atraen a los prepotentes y soberbios; la víctima atrae al victimario, y al victimario nunca le faltan víctimas.

También en la tendencia a la represión de la soberbia encontramos la falsedad, que ocurre cuando se trata de aparentar lo que no se es, por ejemplo, intentar ocultar un origen humilde con la posesión de bienes materiales o puestos de poder. Asimismo podemos observar la deshonestidad, la cual se manifiesta por medio de la deslealtad y falta de compromiso con una persona, una relación, una empresa o una causa. Finalmente, está la hipocresía, que se advierte cuando se finge ser o sentir algo con el fin de manipular o conseguir un beneficio; por ejemplo, cuando alguien dice: "Te quiero mucho" y por la espalda *te clava un puñal*, es decir, te traiciona o te utiliza con fines mezquinos y egoístas.

La soberbia acompaña al resto de los defectos de carácter, en tanto, el *yo pequeño* y material se encuentra consciente e inconscientemente separado del *yo superior*, el cual es el vínculo con la conciencia cósmica, la mente infinita del Padre. Por ello, las personas soberbias se perciben como el centro del universo y que todo gira alrededor suyo.

Ahora bien, bajo el amparo de la ley de correspondencia, que postula que *como es arriba, es abajo*, podemos encontrar una característica similar a la que Shahen Hacyan señala respecto a lo que acontecería si, hipotéticamente, un ser humano penetrara a un agujero negro en el universo. El individuo no podría ver lo que acontece fuera del mismo, pero sí podría ser observado por alguien que permaneciera fuera. Considerando lo que acontece en la vida real, podríamos aseverar que quien se encontrara dentro del agujero negro del universo, también podría observar lo que acontece fuera del mismo, en tanto, que quien permanece encarcelado en un agujero negro de la inconsciencia ignora sus propios defectos y repetidos errores, pero tiene muy claro las equivocaciones que los demás cometen, incluso justifica o minimiza las propias en las fallas de los demás con las siguientes frases: "Es que no me dijo fulanito", "Lo que hizo perenganito está peor y no le dicen nada", etcétera.

Otro ejemplo ilustrativo es el del alcohólico que tiene severos problemas con su manera de beber y que se enoja cuando alguien le comenta algo al respecto. Él dice que puede dejar de tomar cuando quiera, pero está tan inconsciente que ni siquiera se da cuenta de que mientras más lucha hace por dejar la bebida, más aumenta la obsesión por la misma. De manera semejante pasa con el adicto a las drogas cuando señala que él es quien las consume y no que ellas a él. El agujero negro de la inconsciencia en el que se encuentra sumergido no le permite ser consciente de su realidad, no percibe el deterioro físico, emocional e intelectual que le invade, ni el sufrimiento que le ha causado a los suyos, las oportunidades que ha dejado de lado, e incluso puede ser que sea un candidato para el hospital, la cárcel, el manicomio o la tumba.

Como ejemplos semejantes a los anteriores están el gordo que dice que sólo está inflamado o que está enfermo de la tiroides, por no decir de la *tragoides*; y el neurótico que se enoja y grita bajo el argumento de que todos están de malas o que todos están en contra de él. En estos casos, si alguien se atreve a mencionarles algo sobre su problemática, se enojan, buscan, encuentran y hasta inventan los defectos o acciones erróneas de los demás para minimizar y evadir los suyos. Una persona que se encuentra sumergida en el agujero negro de la inconsciencia, además de que no se da cuenta de sus conflictos, no escucha y no entiende, porque se encuentra demasiado ensimismada, ocupada de sí misma, de lo que quiere, de lo que necesita, de lo que sufre, de que nadie la entiende y de culpar a los demás por su desdicha.

¿Ya tienes ubicado a alguien con estas características? ¡Cuidado! Porque otro de los sensores de la actividad del agujero negro de la inconsciencia es ver en los demás lo que no aceptamos de nosotros mismos. Culpar a los otros de nuestros sin sabores, justificar o minimizar nuestros errores, no aceptar la responsabilidad de nuestros actos, y por lo tanto, tampoco las consecuencias que éstos hayan generado, también son sensores que hay que considerar. Y, por supuesto, el sensor más significativo es el infierno en el que nos encontramos instalados cuando sentimos que la vida nos ha dejado de lado, cuando nos sentimos desgajados porque logramos el éxito en algo, pero con un profundo vacío interior y con mil problemas en derredor, parece incluso que la vida nos cobra una factura con altos intereses.

En este punto quisiera señalar la importancia de conocer y respetar las leyes universales que sostienen al cosmos; en este caso, la ley del ritmo señala que *lo que va, regresa*. Sabemos bien que absolutamente todo emerge de una sola fuente: La mente infinita y el amor de Dios y que si no retornamos con gratitud y conciencia la energía que utilizamos incluso para respirar, nos quedaremos sumergidos en la energía entrópica y destructiva que genera la inconsciencia. Esta última alienta al *yo pequeño* o material, el *ego* que se asfixia día con día en el agujero negro de la inconsciencia, que busca salidas y como no las encuentra, aumenta el vacío y la soledad interior, las enfermedades, las carencias y los problemas en la realidad exterior.

Es grave mantenernos sumergidos en este agujero negro, por ello, te invito a continuar descubriendo lo que los defectos de carácter, que se manifiestan como instintos desbocados, generan en nuestra existencia cuando se presentan en cualquiera de sus dos tendencias.

2. La ira

Cuando este defecto de carácter está bajo la tendencia a la exaltación se manifiesta como agresividad, mal humor y violencia; las expresiones son gritos, ofensas, humillaciones, bofetadas, golpes, tortura, crueldad y hasta crimen.

En la tendencia a la represión se manifiesta como una violencia silenciosa, siempre de mal humor, siempre de *jeta*. También es común percibir que la persona que reprime la ira, es decir, cuando se *traga* el enojo o la molestia, explota cuando menos se piensa, es entonces que dice y hace cosas de las que luego se arrepiente y se siente culpable; posteriormente se da cuenta de que se encuentra viviendo un verdadero infierno. No olvides que la culpa aprovecha la más mínima oportunidad para instalarse en tu interior y programarte para atraer a tu vida dolor y sufrimiento.

También es frecuente observar que cuando no se expresan nuestras emociones y se disimula el enojo y la molestia, se propicia que la ira se vuelque en quien la experimenta. Esto generalmente se expresa como enfermedad física, depresión, tendencias suicidas e incluso como suicidio. Es también cuando el dolor y el sufrimiento se llevan a cuestas de manera silenciosa, y con esto se alimenta la culpa en la mente inconsciente, por ello, nos hace sentir que no somos merecedores de nada bueno.

3. La pereza

La pereza en la tendencia a la exaltación se manifiesta como neurosis de ansiedad. Se nota cuando corremos todo el día y toda la vida, descuidamos lo más importante, incluso la salud y la familia. Parece que no hay tiempo para nada; siempre hay ocupaciones, pero nunca se pueden terminar las cosas, siempre falta algo por realizar, siempre quedan deudas con la vida, con los demás y con nosotros mismos.

La pereza en la tendencia a la exaltación es como el *síndrome de la mecedora: me muevo, me muevo, pero no hago algo*; y al terminar el día, la semana, el mes, el año o la vida misma, siempre quedan cosas pendientes y una enorme sensación de vacío interior.

La pereza en la tendencia a la represión es la manifestación de la flojera en variadas expresiones, por ejemplo:

- Procastinar, dejar todo para después.
- El *ahí se va* o *hacer todo al aventón*.
- Hacer las cosas a medias.
- La resignación a las circunstancias adversas y no hacer algo para superarse o mejorar las condiciones de vida.

- El conformismo.
- Terminar una relación, un matrimonio y hasta una familia cuando la situación se presenta adversa o poco confortable, en vez de luchar y hacer lo posible por salir adelante.

Es importante no confundir el conformismo con la aceptación, esta última es el principio de todo proceso de recuperación, superación y transformación. Por su lado, el conformismo va de la mano con la resignación, es decir, cuando nos sentimos impotentes ante las circunstancias, aceptamos toda limitación y adversidad como algo natural o como castigo del cielo.

4. La gula

La gula se presenta con las gratificaciones orales como la comida, la bebida, el consumo de cigarrillo o los fármacos que se ingieren mediante la boca. Este defecto de carácter se manifiesta en la tendencia a la exaltación con la ingesta desproporcionada del objeto de adicción; en este caso, la cantidad afecta más al organismo, pero a nivel mental y emocional, el consumo, por ejemplo, de un solo cigarrillo aumenta la turbulencia de la inconsciencia, la dualidad y el conflicto interior.

La gula en la tendencia a la represión se manifiesta en el caso de la comida como dietas de todo tipo, anorexia y bulimia; en el caso del alcohol, las drogas y los medicamentos se presentan periodos de abstinencia, es decir, *se tapa el síntoma*, pero se descuida la enfermedad que silenciosamente continúa avanzando. Las adicciones se consideran como enfermedades progresivas y mortales que requieren atención psiquiátrica y psicológica, el apoyo de un grupo como Alcohólicos Anónimos y, sobre todo, lo que los grupos de autoayuda o el programa de Los doce pasos llaman un *despertar espiritual*, que consiste en la conexión consciente con un poder superior, o como cada quien pueda concebirlo.

5. La lujuria

Este defecto de carácter tiene que ver con los instintos sexuales exaltados o reprimidos; en el primer caso la obsesión por el sexo se convierte en una adicción que requiere cada vez mayor estímulo, incluso caer en la promiscuidad para obtener satisfacción.

En el caso de la represión, la lujuria se manifiesta como abstinencia sexual, pero por miedo a no tener un buen desempeño. Esta última ocurre con fines de castigo o venganza, sobre todo después de una infidelidad. Es común que pase también por temor religioso pensando que el ejercicio de la sexualidad es un pecado que merece castigo. En este último caso, cuando se reprime el instinto, es muy probable que aflore como una exaltación del mismo, por eso, se observan en varios núcleos religiosos la pederastia y los abusos sexuales. Y es que bajo el manto de la hipocresía, que no es otra cosa más que la soberbia en su tendencia de represión, el *yo pequeño* al que no le importa el sufrimiento de los demás ni destruir vidas, y muy probablemente los abusadores en la infancia también experimentaron el abuso de alguien o les hicieron sentir sucios, avergonzados y miserables por tocar sus genitales o tener apetito sexual.

6. La vanidad

Este defecto no es más que una versión de la soberbia aplicada al aspecto físico y a la posesión de bienes materiales. En su tendencia a la exaltación es la que impulsa a realizar todo tipo de procedimientos para parecer más joven, esbelto y guapo o hermosa: dietas, cremas, cosméticos, kilos de maquillaje, pelucas, inyecciones, cirugías estéticas que en ocasiones se convierten en una verdadera obsesión, fajas, ejercicio excesivo, y si fuera posible, hasta permitir que te pase la aplanadora encima.

En cuanto a la posesión de bienes materiales, esta tendencia ocurre cuando se busca la adquisición de éstos con el fin de obtener un estatus, no por gusto personal ni para compartir con los seres que se ama. Se ignora que la sola posesión de ropa y accesorios de marca, carros de lujo o residencia en lugares de postín, no nos hace mejores personas, ni más conscientes ni mucho menos más evolucionadas mental y espiritualmente.

En la tendencia a la represión se manifiesta como envidia dirigida a quien goza de juventud, belleza, talentos, bienes o todo aquello que, desde la visión de la inconsciencia, da más importancia a quienes los poseen y, por ende, resta lustre a nuestro *ego* o *yo pequeño*, humano y material.

7. La codicia

En su tendencia a la exaltación, una persona nunca está satisfecha con lo que ya tiene. No es que esté mal desear progresar y contar con más comodidades y solvencia económica cuando es producto de un auténtico servicio a la vida, de un trabajo honesto y un esfuerzo continuo, sino que cuando está activa la codicia, sólo pretende acumular más bienes y posesiones materiales sin importar los medios para obtenerlos. La codicia de la mano con la soberbia da origen a la corrupción, que es el cáncer que destruye todo sistema familiar, empresarial y político, y que inefablemente conduce a la pobreza extrema.

Recuerda que cuando estamos alentados por la fuerza caótica y destructiva del agujero negro de la inconsciencia, navegamos en el mundo del revés, en donde todo lo que queremos se aleja, y aquello de lo que pretendemos escapar nos atrapa con cadenas y candados. La codicia en su tendencia a la represión se manifiesta como avaricia. Es cuado alguien tiene lo suficiente, pero no gasta ni comparte por temor a quedarse sin nada. También es prisionero de la avaricia, quien da pero *lo canta* una y otra vez, quien somete a sus caprichos a quien recibe algún beneficio de su propiedad o su trabajo, incluso hay quien *hace caravanas con sombrero ajeno* y cobra caro lo que a él no le ha costado. Si te das cuenta, en estos casos aparece también la soberbia, la cual borra los derechos y el respeto que merecen los otros en aras del propio beneficio.

De manera breve hemos abordado los siete defectos de carácter y sus tendencias, las cuales generan turbulencia en la mente, propician que los pensamientos se vuelvan confusos, por lo que resulta difícil tomar alguna decisión, la vida afectiva se torna inestable, y se generan pensamientos obsesivos, tendencia a las adicciones, a las relaciones dependientes y destructivas, y desde luego, también adicción al dolor y al sufrimiento.

La dinámica particular de los defectos de carácter, bajo la ley de polaridad, propicia que se deambule en los dos extremos de cada uno de ellos, por ejemplo:

- El soberbio puede caer en la autocondolencia, y el autocondolido en la soberbia.
- El iracundo puede caer en la sumisión y en la violencia silenciosa, para después explotar.
- El comedor compulsivo puede caer fácilmente en la repetición de dietas y prácticas de alto riesgo para la salud como la anorexia o la bulimia.
- El perezoso deambula entre periodos de intensa actividad y otros de profundo agotamiento.
- El lujurioso puede caer en la disfunción sexual e incluso en el agotamiento o impotencia.
- Es común observar cómo el codicioso se comporta con avaricia, y el avaro con codicia.
- La vanidad y la envidia van siempre de la mano.

También es común que cuando se reprime o se tapa el síntoma de cualquiera de los defectos de carácter, la energía destructiva se desplace hacia otros, o hacia la tendencia contraria del mismo. Por ejemplo:

- Quien deja de tomar o comer compulsiva y exageradamente se puede tornar perezoso e iracundo.
- El que deja de tomar compulsivamente puede comenzar a comer de manera incontrolable o caer en otro tipo de adicción oral.
- Quien deja de comer compulsivamente puede también caer en cualquier otro defecto de carácter.

- Es probable que cuando el iracundo reprime su ira se refugie en la comida, el alcohol o la droga.
- En la tendencia a la exaltación, el envidioso puede caer en la ira con francas manifestaciones de violencia; o bien, en la tendencia a la represión puede ser violento de manera silenciosa, andar con mal humor y hostilidad.

Ahora conoces los defectos de carácter y la turbulencia que se produce en los agujeros negros de la inconsciencia, así como el infierno caótico y destructivo que éstos generan en nuestro interior y en nuestra realidad exterior. Por esta razón, es importante conocer los recursos para acallar dicha turbulencia, la cual se manifiesta, con cambios extremos en los estados de ánimo, así como altas y bajas en nuestra realidad material.

Esta dinámica particular que generan los defectos de carácter podría explicar en gran medida lo que acontece en el padecimiento llamado bipolaridad, y también ofrecer alternativas de solución para este problema mental que cada vez se hace más frecuente.

Como podrás darte cuenta, la dinámica particular de los defectos de carácter en sus tendencias a la exaltación y la represión, obedece a la acción de la ley del ritmo, la cual impacta todas las áreas de la existencia y todos los planos de expresión. Recuerda: *lo que va, regresa*, y *lo que sube, baja*.

Si lo que se ha mencionado hasta aquí por lo menos ha despertado en ti la esperanza de que es posible cambiar el rumbo de nuestra existencia hacia una vida mejor, más plena, más consciente, más libre, te invito a conocer algunos de los recursos que nos permitirán minimizar e incluso superar estos efectos entrópicos y destructivos que generan en nuestra vida los defectos de carácter que se manifiestan como instintos desbocados, obsesiones y adicciones de todo tipo.

No obstante, es importante centrarnos en nosotros mismos, dejar de buscar culpables o banderas para justificar nuestros instintos desbocados. Para poder utilizar a nuestro favor estos últimos, es necesario aceptar que tenemos uno o todos. No se trata de *echarle más leña al fuego*, sino de reconocer cuál o cuáles son los que más nos afectan; un sensor importante para este proceso de autoconocimiento es observar qué tipo de personas atraes a tu vida. Esto es porque por la ley de atracción, que se ejerce también desde la inconsciencia, atraemos como un imán lo que es igual o contrario a nosotros. Recuerda: *lo que te choca, te checa*.

Tampoco olvides que todo proceso de recuperación parte de la aceptación o reconocimiento del problema que hay que solucionar, porque no habrá posibilidade de solución si desde tu perspectiva no hay problema.

Capítulo 4

Cómo enfrentar y transformar los defectos de carácter

Para lograr transformar los defectos de carácter en autoconocimiento, responsabilidad, conciencia y libertad, es necesario
centrarnos en nosotros mismos, aceptar y reconocer cuáles
son los defectos de carácter que nos distinguen y utilizar la
fuerza espiritual o nuestro contacto consciente con Dios, o
como cada quien pueda concebirlo, para realizar una genuina
transformación.

La obsesión, adicción y demás trastornos que generan
los defectos de carácter se pueden convertir en virtudes y
responsabilidad consciente de nuestra propia existencia. Se
puede cambiar la turbulencia de los agujeros negros de la
inconsciencia en conciencia y responsabilidad, y lograr que
en nuestro diario vivir haya paz, dicha, armonía y plenitud.
Para ello hay que reconocer y aceptar nuestra finitud humana
y limitación material para solicitar la ayuda del cielo, tenien-
do siempre presente lo que decía san Juan de la Cruz: "Dios
nunca va a hacer por el hombre lo que el hombre debe hacer
por sí", es decir, "Yo por mí nada puedo, pero contigo y en ti…
todo lo puedo".

Ahora bien, sabemos de la importancia y la necesidad
que tenemos de religarnos consciente e inconscientemente
con Dios para lograr transformar la realidad entrópica y destructiva, la noche oscura que parece no tener fin y que enfrentamos como humanidad. Sabemos también que la energía es

una de las múltiples manifestaciones del Creador del universo, y que, según Albert Einstein, todo en el universo es energía. Por tanto, al ser nosotros parte de ese cosmos, también somos energía; de hecho, nuestros pensamientos, emociones y sentimientos son en esencia impulsos de energía e información. Es por ello que resulta de relevante importancia conocer cómo es que la energía se transforma en materia y, en nuestro caso, entender cómo en la dinámica de la mente los pensamientos influyen en nuestra realidad material.

Con este fin y bajo el amparo de la ley de correspondencia (la cual postula que *como es arriba, es abajo*), se ha realizado una extrapolación de lo que acontece en otras áreas de conocimiento humano, particularmente en la física, para explicar lo que acontece en nuestra mente.

Más adelante explicaré los principios de transformación de la energía en materia y de la materia en energía, aplicados a la dinámica de la mente. Éstos serán de gran utilidad para aprovechar la energía entrópica que ha generado nuestra ignorancia e inconsciencia, y así lograr dar un salto cuántico en nuestra evolución como humanidad. También servirán para entender que cuando no se reconocen, enfrentan y transforman los defectos de carácter y sólo se reprimen o se tapan sus síntomas, la energía se desplaza hacia otros generando verdaderas *bombas atómicas* o explosiones de emociones, además de conflictos en los pensamientos.

Por el momento vamos a conocer algunos de los más importantes recursos con los que contamos para superar nuestros propios defectos de carácter, y con ello dejar de ser esclavos de la fuerza caótica y destructiva de los agujeros negros de la inconsciencia. Así lograremos dejar atrás el infierno tanto tiempo conocido, poner fin a la noche oscura del alma, y comenzar a experimentar la magia y el milagro de un nuevo y diferente amanecer.

Te recuerdo que los recursos que a continuación te presento con todo mi amor no son los componentes de una simple receta de cocina, sino los elementos suficientes para cobrar conciencia de lo que acontece en tu interior para ser responsable de lo que dices, haces, sientes y piensas. Como ya te he mencionado anteriormente, sólo centrándote en ti mismo será posible cambiar tu realidad.

Mucho tiempo ha transcurrido desde que hemos mantenido la mirada fija en lo que hacen y deshacen los demás, en justificar nuestros propios errores, caídas y bajezas por lo que los otros nos han hecho, en esperar que los demás cambien para estar bien nosotros, o que caiga algo del cielo para que nuestra vida sea mejor. Por eso, no olvides que sí es posible aprender de los errores de los demás, pero los únicos que podemos corregir son los nuestros; además, ten siempre presente que pretender cambiar a los otros es desgastante e inútil, pues el único que puede cambiar eres tú. Y si en ti se encuentra el problema, en ti se encuentra también la solución. Asimismo, no olvides que si cambias tú, el mundo cambiara también.

Así que hay que poner manos a la obra, prepárate para descubrir los recursos más importantes para mantener el equilibrio de los instintos de nuestra naturaleza humana. Si no los atiendes y no te responsabilizas de ellos, se convierten en defectos de carácter. Instintos desbocados que producen una enorme turbulencia en los agujeros negros de la inconsciencia y que se traducirán como dualidad, conflicto y obsesión en tu mente; en tu corazón serán neurosis, depresión, angustia, soledad, vacío interior, compulsión y adicción; en tu realidad exterior se transformarán en problemas, carencias, enfermedades, adversidades y hasta tragedias.

¿Estás preparado y dispuesto a iniciar un profundo cambio en tu vida, en tu mente y en tu corazón? Vamos pues a emprender este camino de autoconocimiento y libertad.

El mejor antídoto contra la soberbia es la humildad, ya que ésta es la que nos permite reconocer y aceptar nuestra enorme limitación material y humana. Sólo con ella es posible reconocer también nuestra infinita grandeza interior, que viene a ser la chispa divina que alienta cada latido de nuestro corazón y que en esencia es la fuerza infinita de la vida: la presencia de Dios que vive en ti.

La humildad es en nuestra mente la reverencia sagrada o el equivalente a la función de onda que realizan las partículas más diminutas de la materia en el campo cuántico, cuando éstas eliminan toda carga material para penetrar a la gloria del Eterno, al campo invisible e intangible del que proviene toda la creación.

Recuerda que *todo aquello que sube, tiene que bajar*, y antes que la vida te ponga de rodillas y te sumerja en profundos pozos de desolación, que no son otra cosa que los agujeros negros de la inconsciencia, es mejor bajarnos solitos y con buena voluntad. La humildad es un maravilloso recurso para evitar la caída hacia la densidad de la inconsciencia y elevarnos hasta el corazón de Dios. Recuerda: "los humildes serán ensalzados y los soberbios serán humillados".

La soberbia nos conduce también al egoísmo y a la mezquindad, por lo que ponernos en los zapatos de los demás, tratar a los otros como nos gustaría que nos trataran, pedir por los otros lo mismo que pediríamos para nosotros, también son excelentes recursos para mantener a raya a la soberbia.

Y hacer con amor y con afán de servir a la vida, a los demás y a Dios, todo lo que hacemos, nos convierte en personas útiles y gratas, nos mantiene navegando en la fuerza generadora de toda vida, cuya manifestación más sutil es el amor. Ten siempre presente que este último es el que alimenta la potencia de claridad en nuestra mente y nos conecta con la inteligencia divina y el amor de Dios.

La gratitud es también un recurso invaluable, no sólo para combatir la soberbia, sino también para mantenernos permanentemente conectados con la fuerza invisible de la que proviene toda la creación, que es el espíritu divino, el corazón de Dios.

Una persona soberbia generalmente es una persona ingrata que piensa que la vida está en deuda con ella; lo mucho le parece poco y todo le parece nada. Una persona agradecida se siente bendecida por el solo hecho de existir. En mi libro *El poder de la oración* propongo precisamente a ésta como un Facebook con Dios, mientras que a la gratitud la considero como un Twitter, que nos permite mantenernos en contacto permanente con el Eterno, conectados con la fuerza generadora de todo bien.

Por lo que respecta a la autocondolencia, el victimismo y la baja autoestima, que como ahora sabes, no son otra cosa más que la cara represiva de la soberbia, la cual alienta la envidia y los celos, contamos con el recurso más preciado que se encuentra en ti: la presencia de Dios en tu corazón, que en cada latido te recuerda que tú eres su criatura más amada y perfecta, que la vida es un milagro y el milagro mayor eres tú.

De tal manera que no tienes que sentirte mal si no eres el número uno en todo; deja de competir con los demás y establece una comprometida competencia contigo mismo, procura ser cada día, aunque sea un poquito, una mejor persona. Tampoco tienes que sentirte menos que otra persona. Cuando realizas tu mejor esfuerzo, ya eres un ganador; por lo tanto, no tienes que envidiar algo o a alguien y menos aun cuando ahora sabes que tienes el potencial de crear y transformar. Recuerda, *atraes lo que piensas, y creas lo que crees*. Piensa lo bueno, ponle alas a tus pensamientos para que puedan tocar los del Creador. Atrévete a creer en lo grande, incluso en lo que parece imposible, porque con Dios todo es posible.

En cuanto a la ira, reconoce que tienes el derecho de sentir lo que sientes. No trates de reprimirla porque las emociones destructivas y reprimidas, a la larga o a la corta, se transforman en explosiones de emociones. Lo que se conoce como la ira ciega te llevará a decir y hacer cosas de las que luego te arrepentirás y querrás que nunca formen parte de tu vida; no olvides que la ira reprimida también puede convertirse en enfermedad.

No obstante, recuerda que todo derecho va de la mano de una obligación. En este caso, se trata de que tus emociones no dañen a alguien más y mucho menos a ti mismo si las reprimes. Para ello, te sugiero los siguientes consejos:

- Busca un lugar en el que puedas permanecer a solas.
- Acepta que estás enojado, incluso que tienes ganas de *saltarle a la yugular* a alguien en particular.
- Identifica con quien te sientes furioso; incluso acepta que tienes ganas de lastimarlo, sin importar que pueda ser tu mamá, tu papá, tu hijo, tu esposo o tu hermano.
- Separa a la persona de la actitud. Lo anterior es aceptar que estás enojado con el comportamiento que te daña y te hace sentir mal, pero que no le deseas mal a la persona

que incluso puede ocupar un lugar muy especial en tu corazón.

- Enseguida, ponte a pelear con el viento, como si le dieras de puñetazos, golpea un cojín, brinca, salta, realiza alguna actividad física que requiera mucha energía, hasta que sientas que el corazón se acomoda y te sientes en paz.

Los antídotos ideales para la pereza son los siguientes:

- No dejes para mañana lo que puedes hacer hoy.
- No hagas más de lo que puedes hacer al día, pues eso te producirá cansancio e incluso agotamiento.
- Programa tus actividades por horarios.
- Ponte metas cortas y viables.
- Realiza las cosas bien desde la primera vez, para que no tengas que repetirlas.

Los remedios para la gula son los siguientes:

- No comas cuando estés emocionado.
- Coloca en el plato todo lo que vas a comer y no repitas raciones.
- Bendice tus alimentos.
- Cuando tengas ganas de darte un atracón, ya sea de comida, alcohol, tabaco, droga o medicamentos, haz un alto y realiza el siguiente procedimiento:

  • Acepta que estás a punto de caer en la tentación.
  • Reconoce tu impotencia y fragilidad humana; esto equivale a la derrota voluntaria o función de onda

que realizan las partículas más diminutas de la materia en el mundo subatómico.

- Invoca la ayuda del Ser supremo diciendo lo siguiente: "Señor, yo no puedo con esta tentación, te la entrego para ser libre en ti".
- Observa cómo la obsesión se desvanece y te comienza a invadir una sensación de profunda paz; sólo recuerda que ese estado no es permanente y que el procedimiento sugerido tienes que hacerlo cada vez que tengas la tentación de caer en los excesos. Además, continúa trabajando cada día con el miedo, la culpa, el resentimiento y demás *chuladas* de la inconsciencia. Es decir, date cuenta y acepta que están en ti, pues sólo de esta manera es posible transformarlos en impulso de libertad.

En el caso de la tendencia represiva de la gula, que se manifiesta en la anorexia, la bulimia, dejar de tomar, fumar o drogarse sin un deseo genuino de transformación o un despertar espiritual, no hace más que desplazar la energía destructiva hacia otro u otros defectos de carácter para que, cuando menos lo piensas, caigas nuevamente en lo mismo, pero con mayor intensidad. En este momento es cuando el agujero negro de la inconsciencia se ha convertido en un agujero súper cargado, en donde la densidad de la fuerza entrópica es mucho mayor y, por lo tanto, el dolor y el sufrimiento que ésta genera también lo son.

Para convertir la gula en una ingesta mesurada y consciente, en muchos casos se requiere apoyo terapéutico para sanar las fracturas del alma, eliminar la culpa, transformar el miedo y para conseguir un despertar espiritual que te permita reconocer y aceptar que tú eres alguien muy, pero muy especial, una criatura amadísima de Dios y mereces ser feliz, vivir a plenitud en un cuerpo, sano y esbelto, pero sin exageraciones, sobre todo, sin flagelar tu alma y tu cuerpo.

La lujuria es el instinto desbocado de la sexualidad, cuando se requiere mayor estimulación para obtener cada vez menor satisfacción. Este defecto abre las puertas a todo tipo de adicciones, a la lucha de poder o exaltación de la soberbia, o bien, al sometimiento y la humillación.

El mejor antídoto para este defecto de carácter, en sus dos tendencias, exaltación y represión, es la responsabilidad y, por supuesto, el amor, en tanto éste siempre va de la mano con la consideración y el respeto. Recuerda que no es posible dar ni recibir amor si no te amas y te respetas a ti mismo. De tal manera que respetar tu cuerpo y el de los demás, tratándolos como tú mismo quisieras ser tratado, te permite mantener el equilibrio.

La actividad sexual con información adecuada también te regala la posibilidad de mantener un equilibrio.

Si ya eres un adicto al sexo, pide ayuda, solicita apoyo psicológico y, de manera personal, realiza el proceso sugerido para las adicciones, en el que reconoces tu impotencia para manejar tu sexualidad; además, invoca de corazón la ayuda del Ser supremo, que es la fuerza invisible e intangible que le permite al alcohólico y al adicto superar sus adicciones, al neurótico encontrar serenidad, al desahuciado hallar la salud, al moribundo, paz, y a la humanidad, esperanza.

En la actualidad este defecto de carácter azota a nuestra juventud, los priva de experimentar el privilegio y la dicha de estar enamorado. Ellos desconocen la fuerza infinita del amor, el genuino, el que impulsa a conquistar las cimas más encumbradas. Nuestros jóvenes y adolescentes desconocen el poder y la magia que otorga el amor genuino, el cual frecuentemente confunden con pasión, y se vuelven presa fácil de todo tipo de adicciones, violencia, apatía, depresiones e, incluso, ante el vacío interior, buscan la puerta falsa del suicidio.

Ahora bien, el defecto de la codicia tristemente nos distingue como humanidad en la actualidad porque siempre buscamos el beneficio propio y la acumulación de bienes, sin importar la condición de los demás. Pero para contrarrestarla basta comenzar a valorar lo mucho que ya tenemos, darnos cuenta de que las cosas que no se pueden comprar con dinero o bienes materiales son las que verdaderamente aportan riqueza a nuestra existencia. Considera los siguientes ejemplos:

- La magia de un amanecer y la serenidad de un atardecer.
- El murmullo de las olas en la majestuosidad de su continuo devenir.
- El viento que acaricia tu rostro.
- La sinfonía de la vida que se percibe en cada latido del corazón.
- La vida misma, que en sí es un milagro.
- Saberte y sentirte parte de la vida.
- El aroma y el color de las flores.
- La familia.
- El diamante de una sincera amistad.
- La sonrisa de un niño.
- La bendición de un anciano.

Y tantas y tantas otras cosas más que, por andar apurados para conseguir y acumular más y más, se nos olvida valorar y agradecer. Cuando valoramos y agradecemos es posible percibir con claridad la diferencia entre:

- Una casa y un hogar.
- Una familia y la compañía comprada.
- Tener dinero para comprar medicinas o tener salud.
- Amar sin condición o condicionar; presionar o ponerse como el *tapete que todos pisan* para obtener "amor".
- Tener muchos bienes materiales y nunca tener tiempo para algo realmente valioso o disfrutar cada momento, o tener tiempo para sí mismo, para la familia y para los amigos.

Agradecer todos estos pequeños grandes milagros logra saciar la sed de ambición que produce la codicia. No obstante, es importante saber reconocer la enorme diferencia entre este defecto y el deseo sincero de obtener o construir los recursos suficientes para lograr forjar cada día una vida mejor. Pero nunca hay que dejar de lado el valor de una familia, del espacio y el tiempo que se requiere para estar bien con uno mismo. También es importante tener siempre presente que poseer bienes materiales no te hace mejor persona que los demás.

La avaricia acrecienta el egoísmo, la mezquindad y la soberbia; esta última acompaña y exacerba la turbulencia que generan todos y cada uno de los defectos de carácter en cualquiera de sus dos tendencias. Por lo tanto, es común que una persona que se encuentra inmersa en la avaricia se convierta en acumuladora, sin importar el daño o malestar que pueda causar a los demás, pues a ella le pesa compartir y también utilizar las cosas por el temor de que se pudieran acabar.

Conociendo estos aspectos de la avaricia podrás darte cuenta de que considerar y compartir las necesidades de los otros, propiciar el bien de los demás, pueden ser potentes antídotos contra este grave defecto de carácter. Además, sería importante mantener siempre presente que, tal como diría Nezahualcóyotl: "No estamos por siempre aquí", y cuando partimos de retorno al corazón del Padre, nada material nos llevamos.

Si la vida es prestada, lo son más las cosas materiales, cuya función es proporcionarnos calidad de vida en este plano. Deja que las cosas fluyan para proporcionar bienestar a los otros, comparte con amor y gratitud lo que tienes. Procura que los demás también forjen su propio camino de superación, muéstrales con el ejemplo cómo el compartir multiplica lo bueno. No olvides que nuestro universo está sustentado por leyes universales, las cuales están siempre actuando; por ejemplo, la ley del ritmo postula que *lo que va, regresa*, eso quiere decir que lo que compartas se multiplica, mientras que lo que acumulas le quita oportunidad a los demás; la vida será la encargada de, en su momento, arrebatarte lo que es importante para ti.

Ahora que ya conoces los defectos de carácter, sus tendencias y algunos de los recursos más importantes para combatirlos y dejar de ser su prisionero, lo único que resta es que identifiques los tuyos y que apliques los antídotos pertinentes para dejar de ser su esclavo y transformarlos en las virtudes que te enaltecen como ser humano y te permiten conquistar las cimas más encumbradas de nuestro potencial como humanidad.

Te sugiero mantener especial cuidado con la soberbia, ya que es ésta la que propicia y alimenta a los restantes defectos de carácter; de hecho, es ella la que, acompañada con la lujuria y la codicia, forma lo que podemos considerar el triunvirato de la inconsciencia que nos impulsa a la búsqueda de placer, poder y dinero. Lo anterior da pie a todo tipo de abusos, excesos, corrupción, impunidad y la mayor parte de los males que nos aquejan en la actualidad. Por ser la soberbia la que nos separa de lo divino, la que nos coloca una venda de autoengaño y alimenta a todos y cada uno de los defectos de carácter, te ofrezco información valiosa para no caer en las seducciones que nos ofrece en toda oportunidad.

Es importante que mantengas presente que mientras que el miedo y el resentimiento nos conducen incesantemente hacia la ira, la tristeza y la depresión del ayer, así como a la angustia y la desesperación del mañana, los defectos de carácter nos conducen a la exaltación, de manera momentánea nos coloca en los cuernos de la luna, y a la represión, que no es otra cosa que la caída y la *revolcada*. No olvides que *todo lo que sube, tiene que bajar*.

Es de esta manera que se genera la lucha entre cuatro fuerzas, que vienen a ser similares a las que Pitágoras describe cómo fuerza de gravedad, sólo que se manifiestan en la dinámica de la mente tanto en la esfera de los pensamientos como en la de las emociones y sentimientos; son estas fuerzas las que propician turbulencia, dualidad, conflicto, ansiedad, depresión y angustia, mientras que en la realidad exterior se manifiestan como violencia, enfermedades, carencias y todo tipo de problemas y adversidades.

Ten presente que caer en la turbulencia de un agujero negro de la inconsciencia significa dolor, sufrimiento, pérdidas de todo tipo, incluso de la paz interior y, sobre todo, renunciar a los alcances infinitos de nuestra genuina dimensión humana. Por todo ello, te sugiero mantenerte alerta, es decir, consciente y firme en el camino que te mantiene en contacto permanente con la fuente generadora de toda vida y que te permite descubrir tus inmensos poderes interiores, rescatar tus sueños más encumbrados y, sobre todo, hacerlos realidad.

Veamos ahora algunas de las seducciones más frecuentes que nos ofrece la materia, y que propicia que se desboquen los instintos más primitivos que nos caracterizan como seres humanos, y que cuando no son trasmutados con conciencia y esfuerzo, se transforman en defectos de carácter.

Algunas de las seducciones a las que nos hace proclives la soberbia en la tendencia a la exaltación son:

- Obtener poder, prestigio o reconocimiento a costa de los demás.
- Manipular información, situaciones y personas para beneficio propio.
- Mentir para obtener algún beneficio personal.
- Utilizar personas, familia, compañeros de trabajo, instalaciones, o materiales ajenos para beneficio personal.
- Abusar de la confianza que se nos ha depositado.
- Convertirnos en personas majaderas, prepotentes y altaneras, pensando que esas actitudes nos hacen parecer mejores individuos y más importantes que los demás.
- Minimizar el esfuerzo y las aportaciones de otros.
- Ofender o ridiculizar a los demás.
- Alcoholizarse o drogarse pensando y afirmando que esas adicciones se pueden dejar cuando se quiera.

Recuerda que el victimismo y la autocondolencia no son más que la otra cara de la soberbia, en la cual se cae bien por efecto de la ley del ritmo: *todo lo que sube, tiene que bajar.* Digo bien porque es una manera de llamar la atención causando lástima, o como consecuencia de la culpa que inconscientemente siempre aprovecha cualquier oportunidad para atraer a tu vida personas y circunstancias que generan castigo, dolor y sufrimiento, y que te hacen sentir que no eres merecedor de algo bueno.

Las seducciones de la soberbia en su tendencia a la represión son las siguientes, ten mucho cuidado con ellas:

- Ser adicto al sufrimiento. Observa y analiza si tu vida es un mar de conflictos y problemas. También es importante que observes si frecuentemente te involucras con personas y circunstancias que te garantizan dolor y tormento.
- *Ponerse de tapete* para conseguir afecto.
- Renunciar a tus objetivos personales para darle gusto a los demás.
- Otorgar demasiada importancia a lo que los otros opinen de ti.
- Convertirte en *ayudadicto* (pretender solucionar la vida y los problemas de los demás) para obtener aprecio y atención.

Todas estas características de la soberbia en su tendencia a la represión propician que, literalmente, abras el pecho para que cualquiera te lo fracture. Créeme, vivir para sufrir y llorar no es vivir, es renunciar a tu infinita grandeza interior, ser propagador de energía destructiva que alimenta el dolor y el sufrimiento para ti y para todos los que se encuentran a tu alrededor, porque atraes a tu vida y a la de los tuyos todo lo que ya no quieres vivir.

Más adelante vamos a ver cómo poner fin a la energía entrópica y destructiva que generan los agujeros negros de la inconsciencia y también cómo aprovecharla para construir un nivel de vida más encumbrado, más digno y más libre.

Por lo pronto, mantén presente que la soberbia en cualquiera de sus dos tendencias nos coloca una venda de autoengaño con la que se pierde la autocrítica. Todo mundo se da cuenta de defectos, adicciones y errores de los demás, menos quien los padece. Este defecto nos sumerge en la vorágine del agujero negro de la inconsciencia en donde prevalece el egoísmo y la mezquindad, lo que alimenta a nuestro *yo pequeño* o *ego* y nos aleja cada vez más del contacto consciente con el Ser supremo, la conciencia cósmica o mente universal.

La soberbia nos aleja de lo divino, nos lleva a la turbulencia del agujero negro de la inconsciencia y con ello nos garantiza dolor y sufrimiento permanente, aun cuando se ostenten logros pasajeros y aparentes. Lo más grave de la soberbia es que, de una manera u otra, la padecemos todos los seres humanos en mayor o menor medida. Por ello, recuerda siempre que el mejor antídoto contra ella es la humildad y, desde luego, la gratitud. ¡Cuidado con la soberbia!

Recuerda que tú eres la criatura amadísima de Dios, eres un pensamiento divino hecho realidad, y en tu corazón están sembradas las semillas de tu real e infinita grandeza interior. Los sueños que se encuentran albergados en lo más profundo de tu ser fueron sembrados por el dedo de Dios en tu propio corazón, esperando a darles vida; al igual que una bellota se convierte en roble, una oruga en mariposa, un capullo en la más hermosa rosa, la vida te brinda la oportunidad de darle vida a tus sueños, de que descubras en realidad quién eres, y te transformes en lo que quieres y en lo que debes ser.

Recuerda mantenerte siempre humilde y agradecido para no perder el contacto consciente e inconsciente con la fuerza generadora de toda vida que es la fuerza del amor. Esta última es en esencia la luz que ilumina nuestra existencia, aleja todo lo malo y atrae bendiciones a nuestra vida, es contraria a la culpa que aleja todo lo bueno, atrae contrariedades de cualquier tipo y todo lo que genera dolor y sufrimiento.

Disfruta tus logros, especialmente los que son el producto del esfuerzo realizado y de tu superación, sin embargo, ten cuidado de que éstos no sean a costa del menosprecio o del sufrimiento de otros, nunca utilices a los demás ni te sirvas de los otros. Mejor procura que tus conocimientos se encuentren al servicio de la vida, de aquéllos que más lo necesitan, nunca te adjudiques logros que tú no hayas realizado con tu propio esfuerzo y tampoco menosprecies el de los demás ni te sientas más importante o mejor persona por tus logros porque cuando menos pienses, la vida te puede colocar de rodillas. No olvides que *lo que sube, tiene que bajar*. Cuando menos lo pienses, comienzas a experimentar toda una serie de contratiempos, como que se ponche una llanta del carro, que se rompa el desagüe, que pierdas algo muy preciado, que comiencen los pleitos con la familia o los problemas en el trabajo, quizá te enfermes o comiences a padecer alguna carencia o hasta te pase una tragedia. Por eso es indispensable hacer un alto y salir del agujero negro de la inconsciencia en el que la soberbia y los demás componentes del mismo te han sumergido.

Recuerda que lo que entra a un agujero negro obligadamente tiene que salir trasformado; y si tú te sientes como *Aladino con la lámpara o el ombligo del mundo*, por lo menos deja de culpar a los demás y a la vida de tus desgracias y caídas, deja de pelearte con Dios y de reclamarle todo lo que consideras injusto en tu vida.

Ten siempre presente que Dios ni castiga ni premia, pero tampoco es Santa Claus y, por fortuna, no está sometido a tus caprichos y berrinches. Dios es la mente infinita, la inteligencia cósmica, el amor universal, la vida en toda manifestación, la verdad que nos libera, el espíritu que alienta a la vida, la unidad, en tanto todos navegamos en su mente infinita y también en los principios universales en los que se sustenta el universo. Dios es todo lo que existe, lo que ya no existe y lo que va a existir. *Dios es lo que es, lo que ha sido y lo que será.*

Por tanto, tú, yo y todo ser vivo, sólo somos el instrumento por el que Él se manifiesta. Le damos vida a sus pensamientos y a sus sueños, porque estos últimos son los mismos que reposan en tu corazón.

Por eso, agradece siempre, porque podemos ser un instrumento consciente para la manifestación de su belleza, grandeza, amor e inteligencia infinita. La gratitud sincera que sale del corazón nos lleva de la mano a la humildad, la cual, como ahora tú bien sabes, es requisito indispensable para mantenernos consciente e inconscientemente conectados con la fuente generadora de toda vida: Dios, o como cada quien pueda concebirlo.

En caso contrario, cuando *te subes a un ladrillo* y ya comienzas a experimentar los *mareos de la vanagloria*, es decir, a sentirte más que los demás, a ver como poca cosa a los otros y a pensar que ni el suelo que pisas te merece, ya te encuentras encandilado por el falso destello de la soberbia, en el horizonte del agujero negro de la inconsciencia, próximo a echarte un clavado a su parte más oscura y densa.

Antes que la vida te ponga de rodillas, reconoce tu enorme limitación humana, tu finitud material, y agradece poder servirle a la vida, a ser un instrumento del plan divino y a contribuir con tu trabajo y esfuerzo cotidiano, aunque sólo sea con un granito de arena, a que este mundo sea un poquito mejor.

Capítulo 5

Los principios de transformación de la energía en materia y de la materia en energía

Con el fin de proporcionarte herramientas de gran valor para lograr transformar la energía entrópica y destructiva de los agujeros negros de la inconsciencia, en este capítulo vamos a abordar los principios físico-matemáticos con los que la ciencia explica la transformación de la energía en materia, y la materia en energía, con el propósito de entender cómo nuestros pensamientos, que son impulsos de energía e información en esencia, impactan y transforman nuestra realidad material. Para realizar la extrapolación de los principios de la física a la dinámica de la mente vamos a cobijarnos en la ley de correspondencia, la cual postula que *como es arriba, es abajo*.

Los principios físico-matemáticos de la transformación de energía en materia y viceversa son los siguientes:

- Aceleración.
- Fusión nuclear.
- Aniquilación total.

Aceleración

Cuando los investigadores colocan materia en aceleradores atómicos y ésta se incrementa a la velocidad de la luz, se transforma en energía. Por medio de un procedimiento similar, la energía se transforma en materia, de acuerdo con la ecuación de Albert Einstein: $E = mc^2$, la cual nos conduce al punto mismo de la creación, en el que lo invisible se torna en materia visible y tangible. Mientras que la materia se transforma en energía mediante una tremenda aceleración, que aumenta impresionantemente su frecuencia vibratoria.

La aceleración a nivel de la mente humana equivale a los siguientes procesos:

- Fondo emocional.
- Derrota voluntaria o inclinación ante algo o alguien superior.
- Visualización.

El fondo emocional es cuando enfrentamos situaciones adversas como la pérdida de un ser querido, de la salud, un asalto, un secuestro, etcétera. Todo esto nubla nuestra existencia y, sin darnos cuenta, nos sumerge en los pozos profundos de la actividad turbulenta y entrópica de los agujeros negros de la inconsciencia.

Hay quien ante estas situaciones se enoja, se resiente, se pelea con la vida y con Dios, y es cuando se sumerge más en la desolación. Con ello se incrementa de manera sorprendente la fuerza destructiva del agujero negro. No obstante, también hay quien ante una situación similar invoca al Ser supremo para pedir guía, orientación y protección. Es entonces cuando experimenta una profunda paz y recobra la esperanza en que todo puede cambiar. Y así, sin darse cuenta, ha logrado dar un salto cuántico a través de los pensamientos y sentimientos, que lo conducen a la luz de la esperanza, al encuentro con Dios. Además, se libera de la atadura mental, que genera la fuerza caótica y destructiva de la materia, y se conduce a la Dimensión de los Milagros, donde se experimenta una profunda paz interior en el aquí y el ahora, y es cuando, incluso a nivel material, las cosas comienzan a fluir para bien.

Cuando en medio de la desolación, en vez de pelearnos con la vida y con Dios, con profunda humildad, invocamos la ayuda del Ser supremo, equivale a la función de onda que realizan las partículas elementales, las más diminutas de la materia, cuando desaparecen a la visión humana y material para penetrar al campo intangible e invisible del que proviene toda la creación.

La derrota voluntaria es cuando con profunda humildad reconocemos nuestra inmensa pequeñez y fragilidad humana ante la grandeza indescriptible del Ser supremo. Este proceso es semejante a cuando las partículas más diminutas de la materia desaparecen del plano material visible y tangible al realizar la inclinación o función de onda de Schrödinger, para penetrar al campo invisible del que procede toda la creación y ser tocadas con la gloria del Eterno para salir transformadas. De igual manera, para nosotros es posible acceder a esa dimensión de infinitas posibilidades y ser cobijados con el amor del Ser supremo, y aun cuando esto sea sólo por un instante, podremos salir transformados y experimentar una paz que rebasa toda comprensión. En este momento, es cuando la adversidad comienza a cobrar tintes de oportunidad, incluso aquellos aspectos que parecían imposibles se hacen posibles. En este sentido, se hace patente lo que postulaba San Agustín cuando afirmaba que: "Los milagros no están en contra de la naturaleza, sino en contra de lo que el hombre sabe de la naturaleza". Incluso el conocido refrán popular que dice: "No hay bien que por mal no venga", se comienza a notar.

En ambos casos, tanto en el fondo emocional como en la derrota voluntaria, lo que acontece es que los pensamientos y los sentimientos dan un descenso impactante en la frecuencia vibratoria que emiten, y por la ley de polaridad que afirma que los extremos se tocan, logran elevarse hasta los dinteles del cielo y hasta el corazón de Dios.

Ya sea por el inmenso dolor experimentado o por propia voluntad se invoca al Padre, y se reconoce primero la incapacidad e impotencia para enfrentar y solventar tal o cual problema, es cuando se puede realizar el proceso que nos libera de la turbulencia del agujero negro. Más adelante y con mucho cariño te ofreceré algunos ejemplos para acercarte a las manos amorosas del Creador.

Ahora bien, por lo que respecta a la visualización, en el libro sagrado del *Talmud* se menciona que ésta es el taller de Dios. Es uno de los medios por los que se nos permite utilizar el poder creador otorgado nuestra semejanza con el Eterno. Recuerda: *como es arriba, es abajo.*

Las imágenes mentales se construyen con la energía que genera la frecuencia vibratoria de los pensamientos. Es de llamar la atención que los pensamientos incluso viajan a mayor velocidad que la luz misma, la cual recorre 300 mil kilómetros por segundo. Para demostrarlo te sugiero que imagines los siguientes escenarios:

- Que caminas en una playa serena en un amanecer.
- Que vas en el sendero de un bosque al atardecer.
- Que te columpias en una estrella.
- Que te encuentras en la cúspide de una montaña.
- Que manejas el auto de tus sueños.
- Que eres un niño y estás jugando en el patio de tu escuela.

¿Te das cuenta? En fracciones de segundo has viajado por los lugares anteriores, e incluso al futuro y al pasado. Además, mediante el proceso de visualización o imaginación has logrado concentrar enormes cantidades de energía. Éste es el gran secreto. Recuerda que la energía se transforma en materia, si tus pensamientos son energía que pueden viajar a una velocidad mucho mayor que la de la luz significa que todo lo que puedes imaginar puede hacerse realidad. Lo importante es que también lo sientas y lo agradezcas, aun cuanto todavía no sea parte de tu realidad material. El pensamiento, que tiene connotación masculina, aporta la forma, y el sentimiento, de connotación femenina, aporta la fuerza creadora de la vida. Además, la fe, no lo dudes, es uno de los recursos más valiosos para cancelar la oscuridad y la turbulencia del agujero negro de la inconsciencia, y así salir a la luz, la claridad y la armonía de la conciencia.

Las tres formas anteriores de la dinámica de la mente equivalen a la aceleración nuclear. Mediante ellas es posible acceder a la Dimensión de los Milagros y abandonar el agujero negro de la inconsciencia, es decir, transformar la energía entrópica y destructiva que éstos generan para, mediante el poder de la imaginación y, desde luego, la magia y el poder del perdón, lograr crear un mundo nuevo y una vida mejor. Es importante mencionar la gran relevancia de realizar un genuino proceso de perdón antes de utilizar cualquiera de los procesos señalados, ya que es indispensable para elevar la frecuencia vibratoria de pensamientos y sentimientos, así como para transmutar el infierno que genera la densidad del resentimiento, en la magia y la libertad que nos otorga el perdón.

Para ello, te sugiero que cuando el impacto de la adversidad que estés enfrentando te conduzca hacia un fondo emocional, o cuando ante el infortunio que se presente ante ti decidas realizar una derrota voluntaria e invocar la ayuda del cielo, pidas en primera instancia que el perdón y la misericordia Divina te liberen de todo aquello que consciente o inconscientemente haya propiciado dicha situación.

De igual manera, antes de realizar cualquier proceso de visualización, realiza un ejercicio de perdón, ya que de otra forma la energía que estarías utilizando sería energía sucia, contaminada por la fuerza caótica y destructiva de la materia, lo que propiciaría que, si bien lograrás conseguir o materializar lo que has visualizado, al poco tiempo se presentará otro suceso desagradable en tu vida, incluso de mayor magnitud que el original.

La fusión nuclear

En la física este proceso es la unión de un núcleo de carga negativa con otro de carga positiva; mientras que en el caso de la mente, es cuando sólo cambiamos pensamientos y actitudes negativas por otras de índole positiva. Lo anterior genera la liberación de la energía (la salida del atolladero en el caso de la mente y de nuestra realidad material) y su desplazamiento, el cual se manifiesta como la explosión de una bomba atómica. En nuestro caso, la vida *cobra factura*, hay un nuevo *ramalazo* o calamidad que se presenta o, en el caso que se pretenda superar una adicción como el alcoholismo, dejar de tomar tapando el síntoma y sin un despertar espiritual ni un genuino proceso de perdón, la energía se desplaza hacia otro defecto de carácter para luego regresar a la obsesión y al deterioro con mucho mayor fuerza.

Todo esto en realidad no es otra cosa que las consecuencias de la ausencia del componente espiritual o nexo consciente con el Creador, y por usar la energía contaminada debido a la fuerza caótica y destructiva que caracteriza a la materia. No olvides la importancia y la necesidad que tenemos de religarnos consciente e inconscientemente con la fuerza generadora de toda vida: la mente de Dios. Sólo con Él es posible transformar y trascender la oscuridad y la turbulencia generada por el agujero negro de la inconsciencia, para despertar en la luz, la armonía y la belleza que nos concede el amor y la misericordia del Creador. Es por ello que te pido que pongas mucha atención al siguiente proceso de transmutación de la materia en energía y la energía en materia, pero antes te ofreceré un ejemplo de lo que acontece cuando utilizas sólo el pensamiento positivo sin el componente espiritual que transforma una situación problemática o un estado emocional particular, es decir, cuando cambias un pensamiento o actitud negativa por un pensamiento o actitud positiva.

Imagina que te sientes enojado, molesto y repites varias veces: "Estoy tranquilo, estoy tranquilo"; de momento, te sientes tranquilo y en paz, pero cuando menos lo piensas, explotas como bomba atómica. En brote de ira dices y haces cosas de las que luego te arrepientes. Después te sientes culpable y de nuevo te encuentras sumergido en el agujero negro de la inconsciencia, sólo que ahora el panorama está más oscuro y la situación peor que antes, pues, aunque no te des cuenta, te sumerges en un agujero negro súper cargado. ¿Encuentras alguna similitud con la vida real?

En seguida vamos a ver la enorme diferencia que existe cuando se utiliza el componente espiritual.

La aniquilación total

Este proceso hipotético corresponde a la fusión de materia con antimateria. Se logra la aniquilación total de la primera y la liberación absoluta de la energía. En la dinámica de la mente humana, la antimateria corresponde al componente espiritual o nuestro contacto consciente con Dios. Para ilustrar lo anterior, considera el siguiente ejemplo:

Te sientes enojado y molesto. En primer término, reconoces el derecho que tienes de sentir lo que sientes, incluso de estar enojado. Recuerda que también eres materia y que todo proceso de transformación inicia a partir de la aceptación. En seguida, si te es posible, saca tu coraje golpeando un cojín, peleando con el viento o realizando algo que requiera un esfuerzo físico que te permita sacar conscientemente el enojo. En cuanto la ola de la emoción destructiva pase –tú mismo lo puedes percibir– repite siete veces: "Dios es paz y serenidad, Dios vive en mí, yo soy paz y serenidad". Observarás cómo la paz y la serenidad se instalan en ti. Si no te fuera posible sacar tu coraje realizando alguna actividad física porque el lugar y el momento no fuera propicio, imagina una cascada de luz violeta que te envuelve, y pide que el perdón y la misericordia divina te liberen de ese estado afectivo destructivo.

El uso de las luces o los colores del arcoíris con la imaginación, de los cuales te hablaré más adelante, también conforman un recurso espiritual invaluable; de hecho, cuando los problemas y las adversidades cotidianas te coloquen entre la espada y la pared, es decir, cuando la materia te dice que no hay camino, es tiempo de utilizar los recursos del espíritu; cuando una puerta se cierra, el cielo te abre por lo menos dos.

Y te garantizo que, cuando te mantienes conectado de manera consciente e inconsciente con Dios, cuando te has ocupado de mantener el corazón limpio, sin resentimientos, miedos, culpas y, además, has logrado mantener a tus defectos de carácter en equilibrio o incluso convertirlos en virtudes, el Reino de los Cielos se encontrará al alcance. Todo lo que acontece en tu vida se percibirá como un milagro y fluirán todas las cosas buenas que ni siquiera hubieras podido imaginar.

Es cierto que la tarea no es fácil, pero sí es satisfactoria y enriquecedora, en tanto, es la que nos permite alcanzar nuestra verdadera dimensión humana, lograr lo que Stephen Hawking considera que es la más grande hazaña de la humanidad: "Descubrir la mente de Dios", y con ello también encontrar el infinito potencial que se encuentra en nuestra propia mente y corazón.

Para lograr mantener el equilibrio de nuestros defectos de carácter y tener el corazón limpio de miedos, resentimientos, culpa, mezquindad y egoísmo, es necesaria la conquista de uno mismo. En este sentido, el inmortal Don Quijote de la Mancha señala: "Cualquiera puede ganar una batalla y hasta una guerra, pero pocos son los que se conquistan a sí mismos". Yo te aseguro que sólo aquél que logre conquistarse a sí mismo puede considerarse un verdadero triunfador.

Capítulo 6

Instalados en los hoyos negros de la inconsciencia

Ya sabemos cómo funcionan los agujeros negros del universo y de la inconsciencia. Tenemos claro que en el cosmos son los grandes devoradores de soles, planetas y galaxias, pero a la vez son los majestuosos titanes constructores de nuevos mundos y universos. Bajo el amparo de la ley de correspondencia que postula que *como es arriba, es abajo*, inferimos que la noche oscura que atravesamos como individuos, como familias, como mexicanos y como humanidad, es el resultado de la actividad entrópica y destructiva que generan los agujeros negros de nuestra ignorancia e inconsciencia.

Por ello, es relevante el conocimiento que nos permite conocer los elementos de esta actividad entrópica y destructiva, con el fin de lograr aprovecharla para construir un nuevo sistema de mayor envergadura y complejidad, que tenga la función de forjar una nueva era en el aquí y el ahora, en la que prevalezca la paz, la armonía, el amor entre los hombres y entre las naciones, una era de luz en la que con plena conciencia logremos mantenernos conectados permanentemente con la fuente generadora de todo bien: el Ser supremo, o como cada quien pueda concebirlo, y descubrir que nuestros sueños más encumbrados se transforman en la más hermosa y plena realidad.

Ya hemos realizado un breve recorrido para conocer algunos de los componentes de los agujeros negros de la inconsciencia; conocemos también sus características más distintivas y la dinámica que ejercen en la parte oscura de nuestra mente. Con estas herramientas ya es posible que te des cuenta cuando te encuentras sumergido en la fuerza caótica y destructiva que éstos generan. Los siguientes son algunos de los sensores más representativos que te permitirán percatarte de su presencia:

- Todo lo que anhelas se te va de las manos.
- Aquello de lo que deseas escapar te atrapa con cadenas y candados.
- Parece que la vida te ha dejado de lado.
- Tus metas se quedan en el *ya merito*.
- No acabas de salir de una y cuando ya estás en otra.
- La vida pierde sentido y tu existencia se convierte en un verdadero infierno.
- Parece que vives en el mundo del revés, es decir, los resultados son contrarios a lo que esperabas.
- En tu vida y en tu entorno prevalecen la violencia, las adicciones, la depresión, la neurosis y todo tipo de conflictos y carencias.

Ahora vamos a conocer cómo se forman y, sobre todo, cómo se utiliza la energía entrópica o destructiva que éstos generan para forjar una nueva tierra y un mundo mejor, construir la vida a la que, como hijo amadísimo de Dios, tienes el derecho y la obligación de experimentar.

Si te inquieta e incluso desespera vivir de espaldas a la vida, sintiendo que todo te sale al revés; si no te gusta experimentar una y otra vez malas rachas, pues no acabas de salir de una y ya estás en otra; si piensas que tienes éxito en algún aspecto de tu vida, pero a la vez sientes un enorme vacío interior; si crees que Dios no te escucha, que la vida te ha dejado de lado; o bien, si el peso de los tantos errores cometidos te hace pensar que para ti no hay salida ni solución, entonces es importante que conozcas cómo caemos en nuestros propios agujeros negros de la inconsciencia y generamos el mundo violento, entrópico, destructivo y adverso que enfrentamos hoy en día y que no es sino la señal de que nos encontramos alejados consciente e inconscientemente de la luz, la esencia de la mente infinita de la que todo procede.

Con el fin de poder comprender y extrapolar lo que acontece en el universo con lo que ocurre en la dinámica de la mente, así como en nuestra realidad material, utilizaremos la ley de correspondencia. Recuerda los postulados sobre la gravedad de Einstein, Pitágoras y Newton. El primero sostiene que la gravedad curva el espacio, el segundo que es la lucha de las fuerzas centrípetas y centrífugas, y el último afirma que la gravedad es la fuerza de atracción.

En cuanto a la dinámica de la mente, ya Sigmund Freud y Adler, cada uno por su parte, habían detectado en el inconsciente dichas tendencias. Siguiendo al primero, podemos afirmar que sus postulados sobre *eros* y *tánatos* equivalen a las fuerzas centrífugas. Y los complejos de superioridad e inferioridad de Adler equivalen a las fuerzas centrípetas.

Bajo el marco teórico de la Psicología, podemos equiparar la ley de atracción con la definición de gravedad de Isaac Newton, sólo que en el caso de la mente humana podemos entender este principio, más que por el peso de dos cuerpos, por el nivel de frecuencia vibratoria. Mientras nuestros pensamientos y sentimientos emiten frecuencias vibratorias de más bajo nivel, hacen más densa y pesada la materia y, por lo tanto, atraen a nuestra existencia todo tipo de problemas y contrariedades. Por el contrario, cuando nuestros pensamientos y sentimientos emiten altísimas frecuencias vibratorias alentados por el amor, la gratitud, la compasión, atraen bendiciones a nuestra existencia. Recuerda que atraes lo que piensas.

Ahora bien, veamos lo que acontece en nuestra mente, su similitud con lo que sucede en el universo y cómo ésta impacta nuestra realidad material.

El miedo (pensamientos e imágenes mentales) es semejante a la fuerza de gravedad de Einstein. Es una fuerza que literalmente jala, revuelca y arrastra. Nos coloca en la entrada u horizonte del agujero negro de la inconsciencia, y que no obstante, comparte también una característica de la fuerza más débil de todas, en tanto, el miedo se presta para dialogar con él; además, es posible transformarlo en impulso de conciencia y libertad. Con respecto a esto, te sugiero consultar mi libro *Vivir sin miedo*.

Figura 5. Forma en que actúa el resentimiento

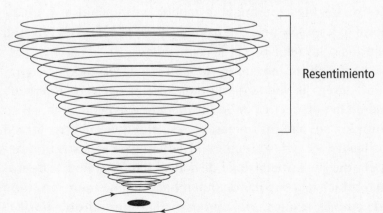

Resentimiento

El resentimiento (emociones y sentimientos), que siempre acompaña al miedo, agrega el componente emocional, aumenta curvaturas a la espiral del agujero negro y baja la frecuencia vibratoria del mismo, haciéndola cada vez más densa y oscura. Una persona resentida experimenta verdaderos infiernos en todas las áreas de su existencia.

La culpa es el producto de la fusión del miedo con el resentimiento, el lazo o cadena invisible que nos convierte en prisioneros y esclavos del agujero negro. En sí misma, es generadora de dolor y sufrimiento, nos conduce a boicotear nuestros sueños y alimenta las creencias destructivas haciéndonos creer que todo lo malo que acontece en nuestra existencia es consecuencia natural de nuestros errores y caídas, que Dios nos castiga y que no merecemos ser felices ni vivir en plenitud.

Cuando permanecen inconscientes las fracturas emocionales (sobre todo las que se generaron en la infancia), nos llevan a resonar o a atraer más de lo mismo a lo largo de toda nuestra existencia. Por ejemplo cuando existe una fractura de abandono por la ausencia física o emocional de alguno o ambos padres, se experimentan repetidas situaciones de abandono o despojo y una larguísima lista de pérdidas en la salud, el trabajo, las relaciones y las amistades.

La soberbia, en sus dos tendencias de exaltación y represión, agrega la venda de autoengaño, es decir, una persona pierde la perspectiva de lo que acontece en sí misma, en su mundo y sus circunstancias, pero se mantiene atenta a la vida y a los defectos de los demás. El alcohólico niega su enfermedad y dice que puede dejar de beber cuando quiera; el neurótico brinca a la yugular de quien hace alguna mención sobre su neurosis; el que tiene sobrepeso dice que es problema de la tiroides, o el gordo se percibe flaco y el anoréxico y extremadamente delgado se advierte como obeso.

Además, la soberbia en sus dos tendencias agrega lo que vendrían a ser las fuerzas centrípetas del agujero negro, las cuales complementan las tendencias centrífugas en las que navegan el miedo y el resentimiento (pasado y futuro).

Es decir, una persona que vive sumergida en la turbulencia de la inconsciencia navega entre la tristeza y la depresión que genera el pasado no enfrentado y la angustia que produce la *futurización* de un mañana que ni siquiera se tiene la certeza de que pueda llegar. En esta dinámica del inconsciente se viaja reiteradamente hacia el ayer que, como dijo Martín Heidegger: "Tuvo su tiempo y se fue, pero ya no es más"; de igual manera se dirige hacia el mañana, que sólo es una puerta de esperanza y nulifica la oportunidad de experimentar el aquí y el ahora.

Además, es muy frecuente que se experimenten momentos en los que parece que *nos columpiamos en las estrellas*, y otros en los que *trapeamos el mar*. Decimos cosas como: "Hoy te amo, mañana te odio", "Lárgate, pero no me dejes", "Hoy el atracón, mañana a dieta", entre otras.

En esencia, estos son los elementos que conforman la estructura y turbulencia del agujero negro de la inconsciencia, pero ninguno es estático y cualquiera de ellos, incluyendo el resto de los defectos de carácter, y los componentes que lo integran, como los celos, la envidia, el egoísmo o la mezquindad, puede adoptar cualquiera de las cuatro tendencias antes descritas.

Por ejemplo, el miedo en tendencia a la exaltación se manifiesta como prepotencia, lucha de poder, adicciones, violencia de todo tipo, incluso crueldad. En la tendencia a la represión se manifiesta como sumisión, parálisis o cobardía emocional, y propicia la imposibilidad de actuar o establecer límites y reglas, convirtiendo a quien lo experimenta en víctima fácil que atrae al victimario.

Cuando la soberbia acompaña al miedo y al resentimiento en su viaje o tendencia hacia el pasado nos recuerda todas las carencias, limitaciones y humillaciones sufridas en el ayer, para imaginar un mañana lleno de privaciones y adversidades. Además, convierte cada hoy en una lucha desmedida por tratar de aparentar lo que no se es y procurar ocultar lo que se es con adicciones, prepotencia, adquisición de prestigio o bienes materiales.

Es importante mencionar que una persona sumergida en el agujero negro de la inconsciencia vive inmersa en un mundo de mentiras y fantasías. Es ajena a su realidad, tanto externa como interna, y está desligada consciente e inconscientemente de la fuerza generadora de todo bien, pues ignora su esencia, su nexo eterno con el Creador del universo y su infinito poder interior. Para tratar de ilustrar esta dinámica me gustaría ejemplificar con algunos de los casos que acontecen en nuestro diario vivir:

- Una persona soberbia que aprovecha la más mínima oportunidad para tratar de demostrar que es importante mediante gritos, y que somete y abusa de los más débiles o de los que se encuentran a su servicio, frecuentemente experimenta neurosis, depresiones, problemas y conflictos personales y familiares.
- Después de la ingesta de alcohol, comida en exceso o algún tipo de tóxico, una persona experimenta la caída, el deseo sincero de no volver a consumirlo. Se presenta

en seguida la culpa que genera dolor y sufrimiento tanto a nivel interior –haciendo recordar las múltiples caídas, promesas y juramentos rotos– como a nivel externo, donde hay circunstancias que propician conflictos. Se jura a sí misma y a los demás no volver a caer en lo mismo, sólo que con mayor fuerza. Sin embargo, en la caída la frecuencia vibratoria del agujero negro se hace más densa y su turbulencia se hace cada vez mayor.

- Es frecuente que el soberbio atraiga al autocondolido; el violento a personas sumisas; el perezoso al acelerado, etcétera. Recuerda que *todo lo que sube, tiene que bajar; lo que va, regresa*, y *los opuestos*, al ser lo mismo en esencia, pero en diferente grado, *se atraen*.

De esta manera se forman nuestros propios agujeros negros de la inconsciencia. En nuestra mente esto ocurre de manera invisible e intangible pero perceptible, y en nuestra realidad exterior pasa de manera visible y tangible. Además, cuando nos enganchamos con las emociones destructivas de los demás o las solapamos, cuando no establecemos límites y reglas, nos enganchamos también en el agujero negro de los otros, y aumentamos la densidad de la frecuencia vibratoria de los propios y de los demás. Esto explica en gran medida lo que acontece con la *alcahuetería* e impunidad en todos los niveles.

También la manipulación, el apego y la venganza son un ancla perfecta para mantenernos prisioneros de la turbulencia destructiva de los agujeros negros, mientras que el desapego, el respeto y la tolerancia a las ideas de los otros, además del perdón, son un camino infalible para salir del agujero negro y experimentar la genuina libertad, la que se anhela desde lo más profundo del corazón.

Capítulo 7

Algo más sobre los hoyos negros de la inconsciencia

Sabemos que el miedo realiza un efecto de frenado y ejerce un poder equivalente a la fuerza de gravedad en tanto, literalmente jala y arrastra, y nos sumerge en la turbulencia del agujero negro de la inconsciencia. No obstante, el miedo es algo natural y característico de nuestra naturaleza humana, mismo que puede actuar como un monstruo descomunal de mil cabezas, convirtiéndose en nuestro peor enemigo, o bien, en una invaluable herramienta de autoconocimiento y transformación. Por eso es importante conocer cómo es que surge en nuestra mente.

Cuando no aceptamos a algo o a alguien, incluso ni siquiera a nosotros mismos, a las circunstancias y los problemas que se nos presentan día con día, surge el miedo, y con él, el colapso de la energía cósmica que mediante un efecto de frenado nos ancla a la fuerza entrópica y destructiva de la materia, sumergiéndonos en el hoyo negro de la inconsciencia, en donde de primera instancia se curva la mente, es decir, la frecuencia vibratoria de nuestros pensamientos, sentimientos y emociones se vuelve muy densa, pesada y genera así una actividad mental turbulenta, entrópica y destructiva. Es cuando prevalecen las sensaciones de índole negativa, y se manifiestan a nivel interior como dualidad, conflicto, neurosis, depresión y confusión, así como todo tipo de contrariedades, adversidades, enfermedades, carencias y adicciones a nivel exterior. Es como si viviéramos en el mundo del revés; por ejemplo:

- "Quiero pero no puedo."
- "Puedo pero no quiero."
- "Todo lo que quiero se me va de las manos."
- "Las cosas de las que pretendo escapar me atrapan con cadenas y candados."
- "La mala suerte me persigue."

Además, se experimenta un gran vacío interior, desolación, angustia y desesperación, que se manifiestan como desequilibrios mentales y emocionales, enfermedades y alteraciones físicas variadas. A nivel exterior, se revela como carencias de todo tipo, problemas o adversidades; también, se hace evidente una gran tendencia a la violencia, a todo tipo de adicciones y apegos que generan relaciones dependientes y destructivas. Es como si se instalara una noche oscura del alma. ¿Encuentras alguna similitud con la vida real?

Por si todo esto fuera poco, nuestros pensamientos, sentimientos y emociones son impulsos de energía e información que, como la fuerza electromagnética en el campo subatómico, actúan como un imán que emite señales al universo. Y conforme a la carga negativa que produce el miedo, al igual que todos y cada uno de los componentes de la inconsciencia, comenzamos a atraer personas y circunstancias que nos generan problemas y adversidades, y con ellas, el dolor y el sufrimiento característico de quien vive sumergido en un pozo de dolor y desolación, o en un agujero negro de la inconsciencia.

Recuerda que el miedo es en esencia la ausencia del amor, actúa como memoria, es decir, evoca recuerdos de un pasado traumático y doloroso; también es una voz de alerta por lo que pudiera pasar. Ejerce una dinámica particular en los pensamientos, los cuales tienen una connotación masculina, mientras que el resentimiento –que como ahora ya sabes, es el sentimiento y la emoción pura– agrega la parte femenina, así como lo menciona el principio de generación.

La fusión de estos dos elementos, el miedo y el resentimiento, genera algo equivalente a la fuerza fuerte del universo, sólo que en este caso vendría a ser la fuerza fuerte de la inconsciencia, que da como resultado la atracción electromagnética que se percibe como la culpa, misma que actúa como esa vocecita silenciosa que te acusa y recrimina constantemente, haciéndote sentir que no eres merecedor de las cosas buenas que la vida te regala. Lo anterior acontece a nivel inconsciente, es decir, a un nivel muy profundo y, por lo tanto, no te das cuenta.

Esta dinámica inconsciente, la cual es imperceptible e invisible a la mirada física o material, sólo puede ser percibida por sus efectos. En tanto, como ya te mencioné anteriormente, esta fuerza o dinámica actúa como un imán, rechaza todo lo bueno, te hace pensar que naciste estrellado, y atrae personas y situaciones que tienen frecuencias vibratorias similares, por lo que aumentan el dolor, la angustia y el sufrimiento.

¿Has observado cómo las personas que están sumergidas en el dolor son las que más problemas y adversidades enfrentan? Incluso piensan que Dios no existe o que ya se olvidó de ellas, que no las escucha y que ya las dejó de su mano amorosa. Ellas ignoran que este tipo de pensamientos las aleja más de la luz, de la mente infinita que, en esencia, es amor y perdón. Es por ello que te sugiero que te preguntes frecuentemente lo siguiente: ¿estás viviendo como tú quieres vivir o es tu vida un mar de conflictos y problemas? Si te pasa lo segundo, es decir, que no acabas de salir de una cuando ya estás en otra, ¡no lo dudes!, te encuentras sumergido en el agujero negro de la inconsciencia. Por eso parece que por más que buscas una salida, una solución, todo se te va de las manos, y la realidad se presenta contraria a tus anhelos y deseos más profundos.

No obstante, te aseguro que siempre existe una alternativa, una solución. Te reitero que lo primordial es mantenernos conectados conscientemente con la fuerza generadora de toda vida: la mente y el amor de Dios, por medio de nuestros pensamientos, sentimientos y acciones, que cuando son congruentes con todo aquello que está a favor de la vida y el ejercicio de nuestros valores más encumbrados, generan la posibilidad de atraer a nosotros todo lo bueno, lo perfecto y lo mejor, es decir, experimentar en el aquí y el ahora, en cada día y en todas y cada una de las áreas de nuestra existencia, el Reino de los Cielos, donde todas las cosas fluyen para bien.

Ya no podemos seguir ignorando el impacto que tienen nuestros pensamientos, miedos y resentimientos sobre la realidad material. En tanto, como ya te mencioné con anteriodad, cuando estamos alentados por la fuerza fuerte que produce la fusión del miedo (masculino) y el resentimiento (femenino), generamos otra fuerza invisible que actúa como un imán para el universo, la cual atrae una y otra vez lo que ya no queremos vivir y, paradójicamente, rechaza y ahuyenta todo aquello que deseamos de manera vehemente experimentar y lograr.

La separación de la fusión del miedo y el resentimiento –es decir, cuando los pensamientos van por un lado, y los sentimientos y las emociones por otro– genera la fuerza débil, que a su vez propicia el desequilibrio mental y emocional, ansiedad, neurosis, depresiones, adicciones, apegos, violencia, enfermedad, sobrepeso, etcétera.

Si te fijas bien, estas mismas fuerzas actúan en el plano material o de la relatividad, tal como lo hace la fuerza de gravedad en el espacio: primero, atrae más de lo mismo (personas y circunstancias que generan dolor y sufrimiento), y enseguida, mediante la actividad entrópica y destructiva de la mente, propicia pleitos, discusiones, divisiones, guerras, separaciones, enfermedades, adicciones, caos y destrucción. ¿Te suena familiar?

Ahora lo sabes, cuando se presenta un evento desagradable, una riña, una pérdida, un problema o un conflicto, incluso una buena noticia, como si te ganaras la lotería, lo primero que entra en tu mente es el miedo, que te dice algo así como: "Te pueden secuestrar"; "Te van a robar el dinero", etcétera, y con éste entran en acción los acompañantes de la inconsciencia: el resentimiento, la culpa, los celos, la envidia, la mezquindad, la soberbia, y muchos otros.

Mientras más tiempo permanezcan nuestros pensamientos, sentimientos y emociones en la dinámica del hoyo negro de la inconsciencia –que, como ahora bien lo sabes, surge con el miedo y el dolor, mismo que como diría Buda: "Es inevitable"–, el sufrimiento tendrá características de perpetuidad, y la dificultad para salir de él se hará cada vez más fuerte, al grado de llegar a creer firmemente que la vida es un valle de lágrimas y no un milagro maravilloso que nos ofrece en cada momento la oportunidad de aprender, crecer, evolucionar y trascender.

Incluso, a diferencia de las estrellas, los cuerpos celestes del universo, y los agujeros negros, que tienen que esperar miles de millones de años para transformar la oscuridad en luz, tú puedes cambiar tu vida en un solo instante, pues posees libre albedrío, el don más grande y privilegiado que El Señor, nuestro Dios, te regaló. Además, estás hecho a la imagen y semejanza del Creador y tienes la facultad de regenerar, crear, transformar y trascender con tus pensamientos, palabras, sentimientos, acciones e intenciones, desde luego, con la fuerza y el poder que te otorga el contacto consciente con la fuente generadora de todo bien: Dios, o como cada quien pueda concebirlo.[1]

Ahora sabes que todo aquello que podemos captar por medio de los cinco sentidos corresponde al mundo material, el cual emerge de un campo invisible e intangible. También sabes que nuestra propia mente –cuando se encuentra conectada con el Eterno, consciente o inconscientemente– no tiene límites para transformar la realidad que nos agobia, angustia y avergüenza como humanidad, y que corresponde a la fase entrópica y destructiva de la materia.

Nuestra mente, la mente humana, también conforma un universo invisible e intangible en donde se forman las ideas, las imágenes, los proyectos, y todo aquello que en su momento toma forma en el plano de la realidad material. Es claro que todas las cosas que muestran el avance o la evolución de la humanidad, originalmente tuvieron que ser la idea de algún ser humano que, alentado por la pasión, el sentimiento y, sin duda, la perseverancia, logró hacerla realidad.

Ya es tiempo de atender, entender y aprovechar el infinito potencial de la creación y transformación que se encuentra en nuestro interior, en nuestra mente y en nuestro corazón.

---

[1] Raquel Levinstein, *El poder de la oración*, México, Panorama, 2015.

También es importante recordar que tanto en la mente como en el universo entero, en lo grande y en lo pequeño, en lo finito y lo infinito, fluyen dos potencias: la luz y la oscuridad, la vida y la muerte, la creación y la destrucción, la armonía y el caos. De tal manera que cuando nuestros pensamientos y sentimientos están alentados por la potencia de la oscuridad, los agujeros negros de la inconsciencia, la consecuencia es que todo tiende a la destrucción, dejándonos con las manos vacías y el corazón seco, además de una larguísima lista de pérdidas, entre las que se incluyen la cancelación de nuestros más grandes y nobles anhelos, y el desvanecimiento de nuestros sueños más encumbrados.

Mientras que, cuando nuestros pensamientos, emociones y sentimientos están alentados por el amor, el afán de servicio, la gratitud y todo aquello que está a favor de la vida, podemos ejercer los valores más nobles y encumbrados, y así alcanzar nuestra genuina dimensión humana e incluso encender la llama de la divinidad que alienta a cada corazón, y entonces será posible construir un mundo en donde prevalezca la equidad, la armonía y la paz entre los hombres.

Para este efecto es importante recordar lo que los metafísicos mencionan sobre los atributos del Creador.

Dios es:

- Vida.
- Mente.
- Amor.
- Verdad.
- Unidad.
- Espíritu.
- Principio.

Todo aquello que estimule el desarrollo de la inteligencia, el amor –que en sí es respeto, consideración, servicio y gratitud–, va a favor de la vida en toda manifestación. Además, hace de la verdad nuestra bandera, deja de lado la hipocresía y la mezquindad que caracterizan a quien actúa desde el agujero negro de la inconsciencia; hace puentes que unen y no muros que separan; favorece la labor y desempeño de equipo, desdeña el individualismo y el egocentrismo; eleva la frecuencia vibratoria de nuestros pensamientos, sentimientos y emociones mediante nuestra conexión consciente con Dios.

Para quien no esté con la ley divina, ésta actuará en su contra. Son las caminos y posibilidades que nos mantienen enlazados a la potencia de la luz, al espíritu divino, fuente generadora de toda vida, y que hacen posible que el Reino de los Cielos se manifieste en el aquí y el ahora para recobrar la paz y la armonía interior, y en lo exterior, lograr que todas las cosas fluyan para bien. Recuerda la sentencia bíblica que afirma: "Primero busca el Reino de Dios y su justicia, y todo te será dado por añadidura".

Sólo recuerda que tú eres una amalgama sublime de cuerpo y espíritu, de materia y eternidad, un habitante distinguido de dos universos: uno intangible e invisible, que corresponde a la fuerza espiritual, y otro visible y tangible, que corresponde al mundo material. Estos últimos pueden ser percibidos y enriquecidos por medio de la conciencia, es decir, la capacidad de darse cuenta. Mediante este proceso de descubrimiento de las maravillas de ambos planos, la conciencia se ilumina y puede expandirse hasta el infinito, donde es posible conocer la mente de Dios y con ello lograr lo que Steve Hawking considera que sería: "La mayor conquista de la humanidad".

Preparémonos ahora para conocer cómo es que actúan los agujeros negros de la inconsciencia, pero no sólo para lograr salir de ellos con las manos vacías y el corazón seco, sino para aprovechar la energía entrópica y destructiva que éstos han generado en nuestra existencia por medio de la ignorancia y la inconsciencia, para construir un nuevo, más complejo y superior sistema de realidad, y para forjar una nueva y maravillosa era, en donde prevalezcan la paz y la armonía entre los hombres. Es momento de que la injusticia, el abuso, la desigualdad, la pobreza, la violencia y las guerras desaparezcan de la faz de la tierra y los hombres ¡volvamos a ser hermanos!

Capítulo 8

Cómo se forman los hoyos negros de la inconsciencia

> Áquel que entiende el principio
> de vibración, ha tomado el cetro de poder
> en las manos.
>
> *EL KYBALIÓN*

Como sabemos, el fenómeno de los agujeros negros en el espacio ha conmocionado a la comunidad científica, particularmente a los astrofísicos y a todos aquellos investigadores interesados en el comportamiento de lo que acontece en el cosmos. Ellos señalan que aún queda mucho por investigar sobre la desconcertante y no menos fascinante conducta de este fenómeno en el universo, en la actualidad ya existen algunas clasificaciones que describen algunas diferencias, mismas que se encuentran bajo el amparo de la ley de correspondencia, la cual, como ya vimos, postula que: *como es arriba, es abajo*.

Vamos a echarnos un salto cuántico a lo que acontece en nuestra mente y en nuestra realidad material, ya que como es en el cielo, es en la tierra; como es en el cosmos, es en nuestra mente, y como es en nuestra mente… ¡es en nuestra realidad externa!

Para transformar algo, es indispensable conocerlo en primera instancia, por ello, te invito a aprender cómo se forman los agujeros negros de la inconsciencia, ya que sin darnos cuenta, incluso ignorando su existencia, nos encontramos sumergidos en ellos, tanto como individuos, como familias, como mexicanos y como humanidad. Los tiempos oscuros por los que atravesamos, desde mi punto de vista, no son otra cosa que la característica distintiva de la actividad entrópica o destructiva de los agujeros negros.

Sólo con conocimiento será posible ponerle fin a la noche oscura que enfrentamos hoy en día, y aprovechar la energía entrópica y destructiva que por ignorancia e inconsciencia hemos generado, para establecer la plataforma que propiciará el surgimiento de una nueva era, en la que además de lograr un mundo mejor en todos sentidos, como individuos y como humanidad, nos manifestaremos como seres más conscientes, más libres y más responsables del curso de nuestra propia existencia, de nuestro entorno y del planeta que Dios nos regaló como hogar.

Ahora bien, avoquémonos a nuestro análisis comparativo de lo que acontece en el universo, en nuestra mente y en nuestra realidad material.

Los agujeros negros en el universo se forman inicialmente por la fuerza de atracción que ejerce la gravedad sobre la materia en el espacio. Posteriormente, realiza un proceso de trasmutación o transformación, mediante una actividad entrópica o destructiva, con el fin de liberar la luz –lo que podría ser equivalente a lo que se conoce como radiación de Hawking–, y realiza así lo que un acelerador atómico haría para transformar la materia en energía.

Nosotros también, con el poder de nuestros pensamientos y creencias limitantes, atraemos personas y circunstancias que generan dolor y sufrimiento en nuestra existencia, y cuando menos pensamos, es más, sin darnos cuenta, nuestra vida se convierte en un infierno, en una noche oscura que parece no tener fin. ¿Alguna similitud con la vida real?

Sin embargo, al ser criaturas amadísimas de Dios tenemos la oportunidad de aplicar el don más grande y privilegiado que Él nos otorgó desde el principio del tiempo: el libre albedrío, que consiste en la capacidad de elegir lo que queremos vivir.

Sumergidos en el agujero negro que, por ignorancia e inconsciencia hemos construido, y dejándonos llevar por la fuerza entrópica que éste genera –como si fuéramos papalote al viento o corcho en el mar–, aceptamos, propiciamos y permitimos que ejerza su poder destructivo. En el plano interior se genera confusión, dualidad, turbulencia emocional, neurosis, depresión, tendencia a todo tipo de adicciones y demás *chuladas* de inconsciencia; y en el plano exterior, se provocan enfermedades, todo tipo de problemas, carencias, violencia, adversidades y hasta tragedias.

Asimismo, podemos elegir crear, regenerar, transmutar o cambiar el cauce sin tener que llegar a la fase entrópica y destructiva; y si éste fuera el caso, tratar de utilizar dicha energía para construir un nuevo sistema de expresión, más elevado, más noble, más pleno, más lleno de luz, colmado de las bendiciones del Creador, o como cada quien lo pueda concebir.

Hay que dejar ya de culpar a Dios por todas nuestras desventuras. Ya sabes que Él ni castiga ni premia, pues no es Santa Claus; a Él no se le conduce ni se le dice, mucho menos se le exige que haga lo que nosotros queremos que realice, porque podrás darte cuenta de que nuestro mayor enojo y motivo de alejamiento de su luz, amor y protección es precisamente porque Él no se somete a nuestros caprichos y solicitudes, ya que hace su voluntad y no la nuestra. Sin embargo, es importante reconocer y aceptar que cuando las cosas salen mal, cuando todo se torna en conflicto, enfermedad, carencia y caos, es simplemente porque no estamos en Él. En cambio, cuando todo fluye para bien y los milagros se hacen patentes, es porque navegamos en su mente infinita y actuamos conforme a su voluntad divina y perfecta, mantenemos un equilibrio en nuestra esfera emocional, dejamos de lado la mezquindad y el egoísmo, alimentamos los pensamientos más nobles y encumbrados. De esta manera, nuestras acciones van a favor de la vida en toda manifestación cuando lo que realizamos lo hacemos con amor y afán de servir y no de ser servidos; cuando buscamos el bienestar de los demás antes que el propio; cuando ejercemos los valores más elevados y, con profunda humildad, amor e infinita gratitud, nos mantenemos religados a la fuerza creadora de toda vida: la mente infinita del Padre… el amor de Dios.

También recuerda que estamos gobernados por leyes universales que, sepámoslo o no, están actuando en cada momento y en cada lugar. Es por esa razón que todo lo que surge de la mente infinita o la primera causa, tiene que retornar a ésta, pues es su origen y principio (ley del ritmo). Además, somos los seres humanos los que a pesar de contar con la oportunidad de tener acceso a la morada secreta del altísimo –bastaría con un poco de conciencia y humildad–, olvidamos retornar a ella con un poco de gratitud por todas las bendiciones que recibimos cada día, en todo momento y en todo lugar; por el milagro de la vida, los alimentos que tenemos en nuestra mesa, el agua que da vida, nuestra familia, nuestro trabajo, etcétera.

De hecho, mantener una buena dosis de gratitud en el corazón y lograr percibir la vida como un milagro, en vez de una pesada lápida que tenemos que soportar día con día, nos permite mantener nuestros pensamientos, sentimientos y emociones en frecuencias vibratorias muy elevadas, y conectarnos con la fuente generadora de toda vida, y conseguir que todo fluya para bien. No cabe duda de que Dante Alighieri tenía razón, cuando en su inmortal obra *La divina comedia* señaló: "El peor de los infiernos es el de los ingratos". Y si te das cuenta, una persona ingrata, la que piensa que no tiene nada que agradecer a alguien, ni a la vida ni a Dios, todos los días experimenta la oscuridad y la turbulencia del agujero negro de la inconsciencia.

Con el propósito de mantenernos permanentemente conectados con la mente cósmica y el amor de Dios, bastaría un poco de humildad para reconocer nuestra pequeñez y fragilidad humana, y la necesidad que tenemos de religarnos al Ser supremo; también un poco de gratitud para con el Padre por las bendiciones que nos regala con cada amanecer y con cada respiración. Debemos bendecir y agradecer nuestros alimentos, nuestro trabajo, nuestra familia y la vida misma en toda manifestación, para que así, al mantenernos conectados a la fuente de vida, al amor de Dios, nos sea posible evitar caer en la turbulencia de los agujeros negros de la inconsciencia.

La soberbia nos coloca la venda de autoengaño que nos separa de lo divino. Exalta al *yo pequeño* o nuestro *ego* bajo el escudo del intelectualismo. Si es que contamos con recursos económicos o bienes materiales, puestos de mando, títulos o reconocimientos, juventud o belleza, la soberbia nos hace sentir en *los cuernos de la luna*, como si fuéramos *Aladino con la lámpara*, o estuviéramos en *el ombligo del mundo*. En este punto ignoramos la ley que dice que *todo aquello que va, regresa; lo que sube, tiene que bajar* y, sin darnos cuenta, una vez más nos encontramos sumergidos en la turbulencia destructiva de los agujeros negros de la inconsciencia.

De corazón espero que la lectura de este libro te mantenga sorprendido; que logre despertar en ti el deseo de seguir adelante y conocer más sobre los agujeros negros de la inconsciencia, pues como ahora bien sabes, no se puede enfrentar y mucho menos transformar aquello que no se conoce. Por esta razón te pido que pongas mucha atención con el fin de obtener el mayor número de herramientas posibles para realizar la transmutación o el cambio de las condiciones actuales en las que te encuentras sumergido.

Veamos ahora un poco de historia: ya desde el año de 1793, Pierre Laplace, en su libro *Mecánica celeste* –el cual fue inspirado por las aportaciones revolucionarias de Isaac Newton postuladas en el libro titulado *Philosophiae naturalis principia mathematica*–, señaló que la gravedad es "el cemento del universo". En tanto que gracias a ella es posible que una estrella mantenga unidas sus partes, por ejemplo, los planetas giran alrededor del Sol en perfecto orden y armonía, y éste logre permanecer dentro de la Vía Láctea. Sin la fuerza de gravedad no existiría la Tierra y el Sol, y todos los planetas se diluirían en el espacio cósmico. Por lo tanto, podemos entender que es una propiedad distintiva y necesaria de la materia.

Con estos señalamientos quiero resaltar que la existencia de los agujeros negros, tanto en el cosmos como en nuestra propia mente y en nuestra realidad material, tienen una función determinada y determinante para la vida misma. Sin la fuerza de gravedad, la que nos ancla a la materia, no sería posible pensar, imaginar, planear ni disfrutar de todas las cosas maravillosas que nuestra realidad material nos aporta día con día y momento a momento. Asimismo, tampoco podríamos disfrutar de los inventos y descubrimientos –como el fuego, la rueda, el internet o la tecnología de punta que hoy tenemos–, de los avances científicos de invaluable magnitud, de la majestuosidad de los mares, de la lluvia fresca que alimenta a la vida, de las aves con su vuelo y su canto, del fruto de la tierra, de los esplendorosos paisajes de las diferentes geografías de nuestro planeta, o de los animales, desde aves que surcan los cielos hasta los que habitan en las profundidades de los océanos, o los que crecen en los variados ecosistemas de la Tierra. Sin materia tampoco existiríamos nosotros ni los seres que amamos; no podríamos deleitarnos con la infinita gama de alimentos que El Creador hace llegar a nuestra mesa; y sería imposible disfrutar de la calidez de un abrazo, la caricia de un beso y el susurro al oído de un "te quiero".

Lo importante es que aprendamos a utilizar la maravillosa fuerza de la gravedad –que es la que la materia ejerce sobre todo ser vivo, e incluso, como ahora lo sabemos, también en nuestra mente– con el fin de que logremos enriquecerla y transformarla mediante el uso consciente de la fuerza del espíritu, la cual corresponde al campo invisible e intangible de donde emerge la fuente generadora de toda vida, a la que en el plano de nuestra mente tenemos acceso mediante el ejercicio de nuestros valores más encumbrados, así como con nuestros pensamientos y sentimientos más nobles. Sólo de esta manera será posible lograr transformar día a día nuestra realidad en un entorno pleno de paz, belleza y armonía, gozando de riqueza, prosperidad y abundancia de todo lo bueno –como en el El Reino de los Cielos– en el aquí y el ahora, en lugar de dejarnos arrastrar por la fuerza entrópica que la materia ejerce cuando pasa de la fase de atracción a la de trasmutación y eliminación para liberar la luz que, como ahora bien lo sabes, por la ley del ritmo tiene que retornar a su origen. Cuando no se le otorga un cauce superior por medio de la conciencia, se instala la noche oscura del alma, los tiempos oscuros que enfrentamos hoy por hoy como humanidad, en los que prevalece el caos, la destrucción y la muerte; tiempos de La Gran Tribulación, como lo anunció Cristo Jesús, nuestro hermano mayor.

Con el fin de poder comprender lo que acontece con los agujeros negros de la inconsciencia, extrapolemos lo que distingue y diferencia a éstos de los que existen en el universo, los que Shahen Hacyan denomina como los hoyos negros. Él señala que lo que se conoce como horizonte o entrada es el poder de la fuerza de gravedad o inicio de la formación de un agujero negro, el cual parece liso y estático a gran escala. No obstante, muestra una descomunal turbulencia en niveles más profundos, en donde se forman y evaporan continuamente los agujeros negros. Podemos observar una gran similitud con lo que acontece en los océanos, porque en la superficie la marea parece tranquila mientras que la turbulencia de las corrientes submarinas, que son invisibles a simple vista, ejercen una fuerza indescriptible. En la mente podemos también observar una enorme semejanza con la actividad consciente aparentemente tranquila y la turbulenta actividad del subconsciente.

Ahora bien, con todo lo anterior podemos entender que el universo, en cada plano de expresión, es el resultado de una continua y maravillosa expansión vibratoria que origina partículas conocidas como elementos en el mundo subatómico o pensamientos en la mente. En ambos casos, en esencia, son impulsos de energía e información en diferentes frecuencias vibratorias y vienen a ser la unidad más pequeña que constituye la luz –recuerda que la materia es luz condensada vibrando en frecuencias vibratorias muy densas–. Las dos partículas se encuentran en un continuo proceso de creación y destrucción, al igual que los pensamientos que cuando son nobles y encumbrados navegan en la potencia de luz y proporcionan paz, armonía, felicidad y plenitud, mientras que cuando son alentados por el miedo o cualquiera de los componentes de la inconsciencia son los que generan la turbulencia del agujero negro, pues producen conflicto y dualidad interior, y en ambos casos, al igual que las partículas más diminutas de la materia, cambian a cada instante y nunca permanecen estáticos; además, de acuerdo a la dinámica de la turbulencia de los agujeros negros, se presentan siguiendo el patrón de la exaltación y la represión, y se alimentan del ayer y del mañana para contaminar el hoy.

En ocasiones se manifiestan en la tendencia a la exaltación, tanto de emociones como de pensamientos, decimos cosas como: "Todos me adoran", "¿Que haría el mundo sin mí?", "Nadie como yo", "Yo todo lo puedo", "El mundo a mis pies", "Sólo lo que yo pienso, siento, digo y hago es importante", "Lo que piensen los demás no cuenta", "Las necesidades de los demás no me importan", "Sólo lo mío es importante", "Todos están para servirme", etcétera.

Cuando los pensamientos son alentados por el miedo, se genera tristeza, vergüenza y depresión. Además, esta emoción produce ansiedad y angustia.

Y mientras todo acontece en nuestra mente, en la realidad exterior se refleja con logros pasajeros, aunados a una enorme e interminable lista de pérdidas, enfermedades, carencias y conflictos de todo tipo, mientras que en el interior se experimenta un gran vacío y una inmensa soledad.

Con base en esta dinámica y en el cambio constante de emociones, sentimientos y pensamientos, te quisiera preguntar si conoces a alguna persona neurótica. Seguro dirás: "¡No, para nada!" Bueno, te prevengo sobre la dinámica de la mente neurótica, la cual se encuentra alentada por la turbulencia del agujero negro de la inconsciencia y viaja constantemente entre el ayer y el mañana. Además, se manifiesta como si de repente se encontrara columpiándose en las estrellas y, en ocasiones, trapeando el mar. ¿Algún parecido con la vida real?

Ahora bien, recuerda que en el mundo subatómico las partículas elementales o más diminutas de la materia se crean mediante el colapso de onda conocido como efecto de frenado, que es cuando la luz deja de comportarse como onda y se manifiesta como partícula. Y así es cómo, mediante este cambio constante de frecuencias vibratorias, tanto en el mundo subatómico como en el cosmos, en nuestra mente y en nuestra realidad material, da lugar a todos los movimientos de los astros, de los estados de nuestros pensamientos, sentimientos y emociones y, por lo tanto, también de nuestro cuerpo y nuestra realidad externa.

En el caso de nuestra mente, nuestro aparato vibratorio corresponde a la esfera de los pensamientos e imágenes mentales, así como a la esfera afectiva en donde fluyen emociones y sentimientos, los cuales cambian constantemente. Aunque es importante mencionar que es el estado afectivo el que determina la calidad y cualidad de nuestros pensamientos.

Las emociones son el estado afectivo más primitivo y podríamos compararlas con las corrientes submarinas que ejercen una gran fuerza; la emoción no tiene contacto alguno con la esfera intelectual o de los pensamientos, es como cuando quieres gritar, correr y no sabes ni por qué.

Los sentimientos podríamos compararlos con las olas del mar, las cuales puedes contemplar desde la playa, e incluso contar, observar su fuerza, su tamaño y su frecuencia. En el caso de la mente, es cuando el estado afectivo lo puedes identificar (tristeza, coraje y preocupación), incluso saber qué o quién fue lo que lo originó.

Veamos ahora lo que acontece en nuestra mente, que, como en el universo mismo, fluyen dos potencias: la luz y la oscuridad, y el día y la noche.

Como ya te lo había mencionado anteriormente, para la Psicología Cuántica y del Espíritu® o Psicelogía, la dimensión de la luz corresponde al día de la mente, en donde fluye la fuerza espiritual que nos conecta con la potencia del espíritu divino: la mente infinita y el amor de Dios. Mientras que la dimensión de la oscuridad corresponde a la noche de la mente, en donde fluye lo que correspondería en este plano a la fuerza de gravedad, la energía que nos ancla a la fuerza caótica y destructiva de la materia, cuando ésta no es encauzada por la conciencia y permanece desconectada, consciente o inconscientemente, de la potencia de la luz o la espiritualidad, de la cual proviene toda manifestación de vida.

Para tener bien claro cómo es que caemos en la vorágine de los agujeros negros, repasemos brevemente los elementos que lo propician:

- El miedo genera pensamientos destructivos que se nutren del ayer y crean temor por lo que puede acontecer mañana. De inicio, podría decirse que, literalmente, es una fuerza que jala y arrastra, colocándonos en lo que sería la entrada al agujero negro de la inconsciencia. Además, así como la gravedad curva el espacio (como mencionaba Einstein), el miedo curva la mente, es decir, baja la frecuencia vibratoria de los pensamientos y sentimientos, pues realiza el efecto de la fuerza de gravedad en ella, y nos ancla a la fuerza caótica y destructiva de la materia.

- El resentimiento –que agrega la parte afectiva– acompaña al miedo logrando que se experimente los hechos destructivos del pasado y creando visiones sobre lo que pudiera acontecer en el futuro, como si acontecieran en el presente; esto causa que el ayer vivido y el mañana imaginado, contaminen el hoy, ya que cada viaje que realiza el resentimiento hacia el pasado y hacia el futuro, agrega espirales al agujero negro de la inconsciencia, debido a que al bajar la frecuencia vibratoria de los componentes afectivos (pensamientos y sentimientos), también curva la mente y así logra crear dichas espirales.

- El miedo que pone en acción a los pensamientos tiene connotación masculina y carga positiva (+). También actúa como la fuerza fuerte del universo.

- El resentimiento, que pone en acción a las emociones y sentimientos, tiene connotación femenina y carga negativa (-). Además, realiza el descenso de la frecuencia vibratoria de pensamientos y de sentimientos y emociones. También actúa como la fuerza débil en el universo.

- La fusión del miedo –fuerza fuerte (+)– y el resentimiento –fuerza débil (-)– da origen a lo que en el universo sería la fuerza electromagnética, que en este nivel se manifiesta como culpa, y actúa como un imán ante el universo, atrae personas y circunstancias que generan dolor y sufrimiento, lo cual se experimenta como castigo divino y como no sentirse merecedor de algo bueno.

- La culpa ahuyenta o rechaza de manera inconsciente las cosas que generan satisfacción, felicidad, plenitud y bendiciones. También, al hacerte prisionero de la turbulencia del agujero negro de la inconsciencia, no te permite recordar tu verdadero origen ni tu esencia, haciéndote olvidar que tú eres un ser de luz habitando un cuerpo material, que eres criatura amadísima de Dios, que tienes el poder de crear, elegir, transformar y trascender. Nunca olvides que la culpa ejerce la función de la fuerza electromagnética en la mente, en donde actúa como imán que atrae lo negativo y rechaza todo lo bueno.

Es importante resaltar que el miedo, tanto en su función de fuerza fuerte que se presenta como pensamientos negativos, también actúa como fuerza de gravedad, la cual, literalmente, jala y arrastra hacia la turbulencia del agujero negro. En esencia son lo mismo, sólo que en diferentes niveles de frecuencia vibratoria. Lo mismo ocurre con el resentimiento, el cual, además de ejercer la función de fuerza débil, agrega espirales de inconsciencia al agujero negro. Es evidente que una persona que vive alentada por el miedo y alberga resentimiento en su corazón, experimenta día con día todo tipo de calamidades.

Si deseas profundizar sobre los temas del miedo, el resentimiento y la culpa, te sugiero consultar mis libros: *Vivir sin miedo*, *El infierno del resentimiento y la magia del perdón*, *El perdón: una onda cuántica de libertad* y *La culpa*.

Capítulo 9

Los diferentes tipos de hoyos negros del espacio y de la inconsciencia

Bajo el principio de correspondencia –el cual señala que *como es arriba, es abajo*–, vamos a correlacionar los tipos de agujeros negros que se identifican en el cosmos con los que se suscitan en la mente. Particularmente vamos a ocuparnos del nivel inconsciente, es decir, del que no nos damos cuenta.

Los hoyos negros de la mente contaminan tanto la parte consciente como la realidad material, por ejemplo, los eventos que se presentan día con día. También, el principio de correspondencia implica que: *como es adentro, es afuera*, razón por la que debemos tener en cuenta que así como es en la mente, va a ser en la realidad externa.

Recordemos la gran importancia que este principio aporta a todos los ámbitos de nuestra existencia. Gracias a éste fue posible descubrir el significado de los jeroglíficos encontrados en la Piedra de Rosetta, lo cual abrió un camino de importantísimos descubrimientos sobre la vida y la historia del antiguo Egipto. Esta piedra estaba inscrita en tres idiomas diferentes, uno encima del otro:

- *Griego*. Lengua utilizada por las esferas de poder.
- *Demótico*. Escritura utilizada por el pueblo egipcio. Se consideraba un lenguaje autóctono.
- *Jeroglífico*. Escritura utilizada, sobre todo, por los sacerdotes.

Figura 6. Piedra de Rosetta

Y así, mediante la correlación de los signos de cada uno de los lenguajes, fue posible descubrir el significado de cada uno de éstos y lograr tener acceso a los grandes secretos guardados bajo dichas inscripciones.

Ahora a nosotros nos corresponde realizar una correlación de lo que acontece en el cosmos con lo que se presenta en la dinámica de nuestra mente, y como consecuencia de esto, también en nuestra realidad externa. A continuación te menciono algunos tipos de agujeros negros que se han detectado en el universo:

- Agujero negro simple.
- Agujero negro de doble horizonte.
- Agujero negro súper cargado.
- Agujero negro eterno.

Shahen Hacyan señala: "En la terminología moderna los cuerpos oscuros de Laplace son los hoyos negros", mismos que se encargan de curvar el espacio-tiempo. En la mente, los agujeros negros de la inconsciencia son los que se forman con nuestros miedos, resentimientos, culpas, fracturas emocionales, eventos traumáticos no superados y defectos de carácter, tanto en su tendencia a la exaltación como a la represión; además, por nuestro egoísmo, mezquindad, celos, envidia y demás *chuladas* de la inconsciencia. Lo anterior en conjunto, por la bajísima densidad de pensamientos y sentimientos –recuerda que ambos en esencia son impulsos de energía e información–, nos sumerge en la fuerza entrópica y destructiva de la materia.

Los siguientes dos tipos de agujeros negros fueron los primeros que se detectaron:

1. Los agujeros negros de Schwarzchild, que son los más simples, y están formados por un horizonte de eventos (lugar de entrada) y una singularidad (donde el agujero negro tiene mayor densidad).
2. Los agujeros negros masivos en el cosmos corresponden a la colisión de dos agujeros negros. En nuestra mente éstos se reflejan en engancharnos emocionalmente con los sentimientos destructivos de otro u otras personas; también, y están alimentados frecuentemente por nuestros miedos, culpas y resentimientos.

Los agujeros negros en el espacio tienen diferentes tamaños. Pueden ir desde la medida conocida como la masa de Planck, que es de 22 microgramos, mientras que otros pueden tener kilómetros de diámetro; incluso, existen agujeros negros súper masivos, los cuales pueden tener el tamaño de un sistema solar.

Con el fin de correlacionar lo que acontece en el espacio con lo que acontece en la mente, vamos a considerar el tamaño de los mismos y algunas de las características que los definen. A partir de las cuales se han clasificado los hoyos negros en los siguientes.

Agujeros negros simples

En el universo, los agujeros negros simples son los que se forman y evaporan continuamente. Tienen un horizonte de eventos (lugar de entrada) y una singularidad (lugar de mayor densidad).

Mientras que en la mente, son los que se forman cotidianamente ante las diferentes circunstancias de la vida: ya sean noticias buenas o malas. Recuerda que el miedo –que es el que siempre aparece en primera instancia, ejerciendo la fuerza que jala, revuelca y arrastra– te sumerge en el agujero negro de la inconsciencia, recordándote las situaciones difíciles que has tenido que enfrentar, tanto a nivel personal como familiar. Pero también, te previene de lo que te pudiera pasar; por ejemplo, imagina que te ganaste la lotería, sin duda, esto sería una buena noticia, sin embargo, el miedo te haría recordar la mala experiencia que pasó alguna otra persona, y enseguida te prevendría sobre un posible robo, secuestro o extorsión, etcétera.

No obstante, si el miedo no es acompañado por el resentimiento, que es el ingrediente que agrega el componente afectivo, los recuerdos y las imágenes sugeridas por el miedo tienden a desaparecer al igual que el agujero negro que recién se ha formado.

Agujeros de doble horizonte

En el universo, los agujeros negros de doble horizonte hacen referencia a aquéllos que parecen tener doble acceso o entrada. Hipotéticamente, estos horizontes también pueden constituir puertas de salida para la energía contenida dentro del mismo, sin que ésta tenga que atravesar la zona de mayor turbulencia, en donde la densidad de la materia es tal que una sola cucharada de ese material pesaría millones de toneladas.[1]

En la mente, los agujeros negros de doble horizonte vendrían a ser aquéllos que se forman cuando a pesar de haber superado el mal momento de alguna situación, volvemos a caer en lo mismo, alimentando los pensamientos y sentimientos destructivos con el miedo y el resentimiento. Sin embargo, a la vez nos muestran la oportunidad de lograr salir de ellos antes de hundirnos en el infierno que se genera en su singularidad, que es cuando todo se percibe oscuro, el vacío y la soledad se hacen patentes, y causan una profunda tristeza que puede convertirse en depresión; además, cuando la dinámica de la mente se torna obsesiva, viaja una y otra vez hacia el pasado y hacia el futuro, desfasándonos del único momento que nos pertenece, que es hoy. Más adelante te ofrezco una serie de alternativas para aprovechar la oportunidad de salida que te ofrece el doble horizonte de un agujero negro.

---

[1] Shahen Hacyan, *Los hoyos negros y la curvatura del espacio-tiempo*, México, FCE, (La ciencia para todos), 2003.

Agujeros negros súper cargados

En el universo, éstos son los que se transforman en los grandes devoradores y destructores de soles, planetas y galaxias, ejercen una descomunal fuerza entrópica y destructiva.

En la mente, éstos corresponden a los que se forman cuando además de los recuerdos y las imágenes mentales que genera el miedo, se agrega el componente afectivo del resentimiento, que tal como su nombre lo indica es *volver a sentir*. Y así, cada vez que el miedo y el resentimiento realizan su viaje hacia el pasado y hacia el futuro, además de que se van agregando espirales al agujero negro, se baja la frecuencia vibratoria de los pensamientos y sentimientos, lo cual propicia que, por ley de atracción, se atraiga a nuestra existencia un mayor cúmulo de problemas y adversidades. Dicho de otra manera, es cuando no acabas de salir de una cuando ya estás en otra. Recuerda: "Atraes lo que piensas".

Otra forma en la que se estructuran los agujeros negros de la inconsciencia súper cargados es cuando parece que la vida nos coloca de rodillas y nos lleva a experimentar lo que coloquialmente se conoce como *fondo emocional*, es decir, cuando no sólo las adversidades y los problemas se hacen cotidianos, sino que ya nos encontramos sumergidos en el agujero negro, y por la bajísima densidad de la frecuencia vibratoria de nuestros pensamientos, sentimientos y emociones, se agrega una larguísima lista de pérdidas y hasta tragedias. Es cuando en vez de hacer un alto para ponernos en paz, perdonar y conectarnos con el Ser supremo pidiendo su intervención y guía, nos enojamos con Él, comenzamos a buscar culpables de nuestras caídas, a justificar nuestros errores, a enojarnos y pelearnos con la vida, a reclamarle porque parece que no nos escucha, que nos ha soltado de la mano, y que no hace lo que nosotros le pedimos.

En este momento es cuando la vida se transforma en un infierno repetido, la risa se convierte en llanto, los sueños en pesadillas, los días en noches oscuras ,y la vida… en tumba.

Agujeros negros eternos

Ocurren cuando conviven los agujeros blancos con los agujeros negros en el universo. Este postulado, a pesar de que no ha sido demostrado científicamente, se ha logrado comprobar a nivel matemático. El agujero blanco emite materia y viaja hacia el pasado, mientras que el agujero negro lo hace hacia el futuro y absorbe la materia del primero para, mediante una actividad entrópica o destructiva, transformala en energía.

Estos agujeros, hasta la fecha, tal como lo mencioné anteriormente, son sólo hipotéticos. No obstante –partiendo de la definición de Hacyan, en cuanto a que por cada estrella brillante existe su contraparte oscura, ambas enlazadas por la atracción gravitacional, y con el amparo de la ley de correspondencia que postula que *como es arriba, es abajo*–, podemos inferir que la existencia de los agujeros negros eternos es real. Algunos investigadores señalan que solamente una partícula que lograra viajar a una velocidad mayor que la luz, podría evitar un agujero negro eterno.

En cuanto a la estructura o funcionamiento de la mente, recuerda que los pensamientos sí tienen el poder de viajar a una velocidad mayor que la de la luz, pues en fracciones de segundo es posible que pienses en algún evento del pasado, incluso de la niñez; pensar en la ropa que vas a utilizar mañana o el fin de semana; imaginar que te columpias en las estrellas o en la cúspide de una montaña, o fantasear que caminas por un bosque en un atardecer o en una playa serena en un amanecer. Como podrás darte cuenta, en sólo unos instantes has viajado con la imaginación y el poder de tus pensamientos hacia el pasado, el futuro y a las estrellas, has tocado la cumbre de la más alta montaña, te has visualizado en un bosque y en una playa, etcétera. Para que puedas enriquecer más este tema, te sugiero consultar mi libro *Dile adiós al sufrimiento*.

No obstante, cuando los pensamientos se alimentan sólo del pasado y del futuro, nos desfasan del único momento que nos pertenece, que es el hoy, e incrementan la turbulencia y la fuerza destructiva de la singularidad del agujero negro de la inconsciencia convirtiéndolo en un agujero eterno. Para lograr evitar la singularidad de este tipo de agujero negro, lo importante sería que los pensamientos tuvieran una frecuencia vibratoria elevada, es decir, con carga espiritual, y que fueran alimentados por los sentimientos más nobles y encumbrados.

Con lo anterior, podemos entender que la formación de los agujeros negros eternos en la mente humana, sería equivalente a lo que acontece en la dinámica de su parte oscura, en donde los pensamientos y sentimientos viajan incansablemente entre el ayer (pasado) y el mañana (futuro). Esta dinámica es la que caracteriza una mente neurótica, depresiva y que tiende a toda clase de adicciones, incluso al sufrimiento.

Esta dinámica prevalece como si fuera eterna mientras no se acepta y se confronta al miedo, se sanan las fracturas del alma y se ejerce el poder libertador y transformador del perdón, es decir, el infierno que genera la noche oscura del alma se hace eterno mientras no se ejerza la fuerza de la conciencia, que no es otra cosa que *la capacidad de darse cuenta*, con el fin de lograr transformar el ayer en un camino de aprendizaje, perdón y superación, y el mañana, en una puerta de esperanza que se estructura a partir de cada hoy. Recuerda que si tu presente es bueno, tu ayer será un mejor ayer, y tu mañana, un mejor mañana.

De tal manera que si ya nos damos cuenta y aceptamos que por ignorancia e inconsciencia nos encontramos sumergidos en un agujero negro con tintes de eternidad, es importante recordar que cuando está más oscuro, es cuando se anuncia el advenimiento de un nuevo amanecer. Y es que con el conocimiento y la aplicación consciente de las leyes universales –como el principio de polaridad, el cual plantea que *los extremos son lo mismo*–, ante la oscuridad que enfrentamos como humanidad, nos encontramos a un paso, sólo a un paso de la luz y la libertad. ¡Alégrate! Sí es posible clausurar el infierno conocido, dejar atrás la noche oscura por la que atravesamos, y comenzar a construir juntos la magia y la maravilla de un nuevo amanecer, de tu propia vida, y de la humanidad entera.

Para ello, en primera instancia, hay que tener en cuenta que cuando utilizamos los recursos que nos permiten mantenernos en contacto consciente con la fuerza generadora de toda vida, es posible transformar toda adversidad en oportunidad, incluso cuando la vida nos ha puesto de rodillas y se experimenta lo que se conoce como fondo emocional. En vez de pelearnos con la vida y enojarnos con Dios, debemos, con humildad y sincero arrepentimiento por nuestras equivicaciones conscientes e inconscientes que nos condujeron hasta tal condición, invocar su perdón y misericordia divina, el cobijo de su amor, la sabiduría de sus pensamientos, la protección de su presencia y la manifestación de su voluntad divina y perfecta.

Recuerda que el miedo jala, el resentimiento hunde, la culpa atrapa y nos esclaviza, las fracturas del alma alimentan emociones destructivas haciéndonos resonar, es decir, atrayendo todo aquello que ya no queremos vivir, convirtiéndonos en lo que más odiamos, dañando a los que más decimos amar y destruyendo día a día nuestra existencia.

Considerando que todo lo que llega a nuestra existencia es para aprender a perdonar, compartir, transformar, evolucionar y trascender, hay que entender que ésa es precisamente la función del miedo que, como podrás darte cuenta, ante cualquier circunstancia se hace presente para recordarnos todo lo malo que hemos experimentado en nuestra vida en eventos similares (memoria del pasado destructivo, ya sea personal, familiar, núcleo de amigos, conocidos o de humanidad) y alertarnos por todo lo malo que pudiera pasar (voz de alerta).

Ésa es su función, somos nosotros los que le otorgamos un poder que no le corresponde, lo alimentamos con nuestros temores y angustias hasta convertirlo en un monstruo de tamaño descomunal y de mil cabezas. El mismo que devora nuestros sueños para convertirlos en pesadillas y nuestra vida en tumba, nos sumerge en el agujero negro de la inconsciencia, en una noche oscura que parece no tener fin. No obstante, si escuchas lo que el miedo te dice, podrías aprender, prevenir, perdonar y con ello transformar tu historia en la mejor historia, ya que incluso cuando no te sea posible cambiarla, sí puede convertirse en la base e impulso para construir una vida mejor.

De hecho, cuando logras tener contacto con tu niño interior para rescatarlo de la oscuridad de la inconsciencia; cuando experimentas el poder y la magia que te regala un genuino proceso de perdón; cuando en vez de evadir y justificar tus errores, los enfrentas para aprender de ellos; cuando en la medida de lo posible reparas daños y ofensas, y te comprometes de corazón a no realizar hoy con conciencia lo que ayer realizaste en inconsciencia, es el momento en el que la culpa no tendrá más poder sobre ti y experimentarás la libertad y la paz. Además, te darás cuenta de que todo lo vivido hasta este hoy fue el camino necesario para tu aprendizaje y tu oportunidad de trasmutar el dolor en paz, dicha y armonía. Cuando descubras que la vida nada te debe y agradezcas todas y cada una de las experiencias que te han conducido hasta este hoy de libertad, sin duda, descubrirás que si bien no es posible cambiar nuestra historia, sí es posible hacer de ella nuestra mejor historia.

Te aseguro que el secreto de la genuina felicidad no consiste en poseer todo lo bueno o que aparenta ser bueno, sino en hacer de tus experiencias la mejor oportunidad para crecer y aprender, de toda circunstancia tu mejor momento, del ayer tu mejor historia, y del mañana el mejor camino de esperanza y superación.

A manera de conclusión, recuerda que el resentimiento hace que experimentes los eventos desagradables del ayer como si fueran hoy, es decir, contamina tu presente con la vergüenza y el dolor de antaño, y agrega angustia por el mañana. Aprende a disfrutar cada día, a poner tu atención y tu corazón en el momento presente, en el aquí y el ahora. Vivir *sólo por hoy* sería un buen antídoto contra los estragos que causa el resentimiento.

La culpa te hace esclavo del ayer y prisionero del mañana. Boicotea tus sueños haciéndote pensar y sentir que no eres merecedor de algo bueno, y te aleja siempre toda posibilidad de ser feliz y vivir en plenitud. Además, atrae a tu vida, una y otra vez, a personas y circunstancias negativas que generan dolor y sufrimiento. El mejor antídoto contra la culpa es aceptar y enfrentar el error cometido, pues éste se convierte en aprendizaje, en conciencia y en un peldaño de libertad. Recuerda que también es posible aprender de los errores de los otros, pero los únicos que puedes cambiar son los tuyos.

Hay que recordar que el miedo y todas las emociones destructivas que éste produce, generan moléculas de emociones que emiten señales químicas y fisiológicas que hasta los animales pueden captar; tal es el caso de los perros, que cuando las perciben, atacan. Asimismo, sin ser conscientes de ello, se atraen personas y circunstancias negativas que acrecientan la oscuridad y la turbulencia del agujero negro de la inconsciencia y le agregan tintes de eternidad.

En el siguiente capítulo vamos a descubrir las herramientas necesarias que nos permitirán transformar la energía entrópica y destructiva de los agujeros negros de la inconsciencia en iluminación de conciencia y libertad.

Capítulo 10

La importancia de la aceptación para transformar los hoyos negros de la inconsciencia en iluminación

Todo lo que estamos enfrentando como humanidad nos debe mover a buscar salidas y soluciones, más allá de las que los lineamientos de la materia establecen, y que como hemos observado una y otra vez, siempre tienden hacia el fracaso o hacia las soluciones parciales, mismas que a la larga parecen que incluso se vuelcan contra nosotros. Por ello, el mundo y todo lo que amamos parece que se desmoronan entre las manos día con día.

Ignoramos que no sólo somos materia, sino también espíritu; que somos seres espirituales en un cuerpo y un mundo material, pero que ambos son sustentados por la fuerza invisible e intangible de la que proviene toda la creación y que nada más con el uso consciente de la misma será posible transformar la realidad que nos agobia y avergüenza como humanidad.

Recordemos lo que Albert Einstein señalaba: "Así como la oscuridad es ausencia de la luz, el mal es la ausencia de Dios". Para no caer en conflictos de índole religioso, y con ello alimentar la turbulencia y entropía (fuerza destructiva) de los agujeros negros de la inconsciencia, te pido que no olvides la abismal diferencia que existe entre espiritualidad y religión:

- La religión hace alusión a los ritos, dogmas, ceremonias o creencias particulares de cada uno.

- La espiritualidad hace referencia a la creencia y aceptación de que existe algo mucho más grande que nuestra finitud material, un Ser supremo que más allá del nombre o concepto, es para todos el mismo: un Dios de amor y bondad infinita que está con los brazos extendidos, sin reclamo, reproche o condición, y que tiene un plan divino y perfecto que nos incluye a todos.

El secreto para conectarnos conscientemente con esa fuerza, sin la cual la materia tiende hacia el caos la destrucción y la muerte, tal como lo hemos podido observar en los últimos tiempos, es no aceptar que nos encontramos sumergidos en un agujero negro de la inconsciencia, y admitir que existe algo infinitamente más grande que nuestros errores, caídas, carencias, adicciones, diagnósticos fatales, y todo aquello que nos pone de espalda a la vida y nos mantiene atados a la turbulencia de la fuerza caótica y destructiva de la materia, cuando ésta no tiene cauce que la mantenga conectada a la fuerza generadora de toda vida, que emerge de la mente infinita y del corazón de Dios, o como cada quien pueda concebirlo.

Recuerda que no es posible encontrar camino de recuperación y transformación sin llegar a la aceptación, la cual mantiene una descomunal distancia con la resignación. Esta última te conduce hacia la resistencia de lo que estás enfrentando, lo que estás viviendo, sin poder hacer algo para cambiarlo. Es como atarte las manos y ponerte una mordaza en la boca ante el dolor, la injusticia y la adversidad; por ejemplo, aguantarte si te tocó un marido borracho, mujeriego y golpeador, o atragantarte con el dolor de la ausencia ante la pérdida de un ser querido. Esto es no lograr un despertar espiritual, que es lo único que nos permite descubrir que lo que se ama, jamás se pierde, que la muerte es vida en el corazón de Dios, y que si bien ese ser amado ya no está entre nosotros físicamente, a nivel material, de forma espiritual está más cerquita que nunca.

Con todo esto, podemos entender que la aceptación es el inicio de todo proceso de recuperación y transformación. Para abundar en este tema, te sugiero consultar mi libro *Lo que se ama, jamás se pierde*.

De manera breve, te menciono las etapas por las que generalmente atravesamos antes de llegar a la aceptación:

- *Negación.* Es la evasión o minimización del problema o circunstancia adversa que se presenta ante nosotros. Esta etapa es como un chaleco salvavidas que nos permite mantenernos a flote en el mar huracanado del agujero negro de la inconsciencia. No obstante, es imposible mantenerlo por mucho tiempo, y mucho menos de manera permanente, pues la turbulencia y la densidad de dicho agujero nos sumergiría en la singularidad (la parte más densa) del mismo.
- *Ebullición y turbulencia de emociones destructivas.* Esto hace referencia a la aparición de la ira, el miedo, la culpa, el enojo, el resentimiento, etcétera. En esta etapa es importante aceptar lo que estamos experimentando, reconocer que tenemos derecho de sentir lo que sentimos, y la obligación de que las emociones destructivas no nos dañen a nosotros mismos ni a los demás. Es importante no evadir ni justificar, mucho menos culpar a los otros con el fin de minimizar nuestros sentimientos de culpa, pues con ello lo que lograremos es agregarle

poder a ésta y mantenernos prisioneros del dolor y el sufrimiento que genera.

- *Regateo.* En esta etapa aparecen algunos sentimientos de índole positiva o constructiva dentro de la brutal turbulencia de emociones destructivas. La misma dinámica de la mente nos conduce hacia el lado de claridad. Ver algo bueno dentro de todo lo malo y oscuro que aparece, puede ser el inicio del equilibrio en nuestro interior.
- *Profunda tristeza.* En esta etapa es importante aceptar este sentimiento y dejar salir el llanto. No debemos preocuparnos de lo que digan los demás, sólo ocúparnos de liberar la tristeza para evitar que se transforme en depresión.
- *Aceptación.* Esta etapa es para reconocer y admitir el problema, ya sea de nosotros mismos, de las circunstancias, del diagnóstico fatal, de la pérdida, etcétera. Cuando hemos logrado llegar a este punto, logramos detener la turbulencia o la actividad entrópica y destructiva del agujero negro de la inconsciencia en el que, aun sin darnos cuenta, nos encontramos sumergidos, y que produce miedo y emociones destructivas como dolor y sufrimiento, incluso por tiempo indefinido. Recordemos lo que dice Buda en este sentido: "El dolor es inevitable, el sufrimiento es opcional", de tal manera que tanto ignorar o evadir el dolor como apapacharlo, sin hacer algo para cambiar la situación o problema, propicia que éste se transforme en amargura y sufrimiento.

Con todo lo anterior, podemos entender que la sola aceptación de algo, de alguien, de las circunstancias, de algún problema, de nosotros mismos, propicia el aquietamiento de la turbulencia de los agujeros negros de la inconsciencia, mientras que el rechazo genera el empoderamiento del miedo y las demás *chuladas* de la inconsciencia, y, con ello también, el incremento de la fuerza entrópica y destructiva de los agujeros negros de la inconsciencia.

Y es el nivel de frecuencia vibratoria que genera la aceptación –la cual nos conduce a una inclinación del ego–, lo que se necesita para reconocer nuestra propia finitud y limitación material y humana, para que con toda devoción y profunda humildad, invoquemos la ayuda, la orientación y la guía del Ser supremo. También es saber y aceptar que si por nosotros mismos poco o nada podemos, con Él y en Él, todo lo podemos, incluso recuperar lo que parecía perdido. En tanto, en la mente infinita nada se pierde, por lo tanto, también es posible recuperar nuestros sueños y hacerlos realidad, además, lograr en el aquí y el ahora, el tan anhelado reencuentro espiritual con quien físicamente, sólo físicamente, ya no está, y entonces sentirlo más cerquita que nunca y descubrir que la muerte es vida en el corazón de Dios.

La aceptación equivale a la plataforma necesaria para propiciar una derrota voluntaria o función de onda, para que desde ahí se pueda realizar, con profunda humildad y de todo corazón, una invocación al cielo, y con ello lograr salir de la oscuridad y de la densidad del agujero negro de la inconsciencia, y así dar un salto cuántico para penetrar a la Dimensión de los Milagros, teñirnos con la gloria del Eterno, e investidos con la fuerza y el poder de la vida misma, transformar nuestra realidad, tanto interior como exterior.

Capítulo 11

La transformación de los hoyos negros de la inconsciencia a partir de la aceptación

En capítulos anteriores, ya te había mencionado que la transformación de los agujeros negros en el espacio requiere de miles y millones de años, no obstante, tú puedes lograrlo en un instante en el aquí y el ahora. Recuerda que tú eres una criatura amadísima de Dios, eres un pensamiento divino hecho realidad, y estás hecho a la imagen y semejanza del Creador; y entre tantos dones y virtudes que Él te concedió desde el principio del tiempo, cuentas con el más privilegiado: el libre albedrío, que consiste en elegir lo que quieres vivir, sólo que necesitas realizar tu propio esfuerzo humano y material, así como mantener encendida en todo momento la antorcha de la fe.

A continuación, veremos cómo transformar los diferentes tipos de agujeros negros de la inconsciencia en impulso o energía suficiente para cambiar nuestra realidad tanto interior como exterior.

Agujeros negros simples

Recuerda que es tipo de agujeros en el universo son los que se forman y evaporan continuamente, y tienen un horizonte de eventos (lugar de entrada) y una singularidad (lugar de mayor densidad).

Mientras que en la mente son los que se originan cotidianamente ante las diferentes circunstancias de la vida: ya sean noticias buenas o malas.

Ahora bien, para que los agujeros negros simples transformen tu realidad interior y exterior, debes:

- Aceptar que tienes miedo, coraje, o que estás experimentando cualquier otra emoción destructiva.
- De ser posible, sacar tu emoción golpeando un cojín, peleando con el viento, gritando, saltando, etcétera.
- Admitir con profunda humildad que tú solo no puedes con determinado problema o circunstancia.
- Invocar la ayuda y la guía del Ser Supremo.

Agujeros negros de doble horizonte

La vida te entrega una segunda oportunidad que tú puedes utilizar para hundirte aun más en la densidad del agujero negro de la inconsciencia, o bien, salir con un nuevo aprendizaje, más consciente, más fuerte, más libre. Para ello te sugiero que cuando se presente ante ti cualquier tipo de contrariedad e incluso adversidad, en vez de pelearte con la vida o enojarte con Dios, te avoques a realizar los siguientes pasos:

- Acepta el problema y las circunstancias. No evadas ni minimices. Si lo crees necesario, saca tu emoción llorando, brincando, saltando, etcétera.
- Realiza con profunda humildad la derrota voluntaria, antes de que la vida te ponga de rodillas y que propicie una y mil adversidades, hasta zambullirte en un fondo

emocional. Para evitar sumergirte en la vorágine de la densidad de un agujero negro de la inconsciencia, es importante aceptar tu enorme limitación material y humana, y reconocer que tú solo no puedes con determinado problema o circunstancia.

- Invoca la ayuda del Padre, su guía y orientación divina, con profunda humildad y reverencia.
- Abandónate en el poder de su presencia y entrégale tu problema.
- Confía en que las cosas no están mal, repitiendo siempre que puedas: "Si Él está a cargo, todo está bien".
- Agradece. La gratitud te permite realizar un salto cuántico a la Dimensión de los Milagros; además, dar las gracias, aun sin ver el resultado, es mantener la antorcha de la fe encendida mientras atraviesas el túnel oscuro de la inconsciencia. No olvides que: "Conforme a tu fe, te será dado".

Figura 7. Cómo enfrentar los agujeros negros de doble horizonte

Acepta   Invoca   Confía

Inicia tu derrota   Abandónate   Agradece
voluntaria

Con esta actitud, también te será posible salir de la dimensión invisible e intangible de la que proviene toda la creación, hacia la realidad material, sólo que investido con la fuerza invencible del espíritu. Y así como cuando las partículas más diminutas de la materia han penetrado a la dimensión de todas las posibilidades, al salir son las mismas pero diferentes, tú también eres el mismo, pero nunca más el mismo, pues ahora estás investido con la fuerza y el poder de la mente infinita del Padre, que te confiere el poder de transformar y crear una nueva realidad externa. Recuerda que *atraes lo que piensas* y *creas lo que crees*.

Agradece siempre. La vida te ofrece día con día, minuto a minuto, mil razones para dar las gracias, y mantener la gratitud en tu corazón, hará posible que estés permanentemente conectado con la fuente generadora de toda vida: la mente infinita del Padre y el amor de Dios.

Los agujeros súper cargados

En este caso todo parece oscuro, todo te sale mal, o contrario a lo que esperabas; es decir, no acabas de salir de una, cuando ya estás en otra. Parece que la vida está en contra de ti, que Dios no te escucha, y que por más que buscas, ya no encuentras salida ni solución. Estas circunstancias denotan que te encuentras sumergido en la parte más densa y oscura del agujero negro de la inconsciencia, y la única forma de detener su entropía o fuerza destructiva es aceptar la problemática, el miedo que te invade, y el resentimiento que te hunde en pozos profundos de angustia y desolación.

Todo esto, aunado a las fracturas emocionales que has cargando desde la infancia, te lleva a experimentar una y otra vez lo que ya no quieres vivir. Mientras tanto la culpa te acusa incesantemente de todos tus errores, caídas, malos pensamientos, sentimientos y emociones encontradas, deseos inadecuados, defectos de carácter, instintos desbocados, de las cosas malas que has cometido y todo lo bueno que has dejado de hacer, y te conduce a boicotear tus sueños. Es necesario aceptar el dolor y el sufrimiento como parte natural y obligada de tu existencia.

Es común que también se lleguen a formar agujeros negros súper cargados cuando mantienes un estado de estrés prolongado; cuando tú o alguien muy allegado tiene un enfermedad de larga duración o de pronóstico poco favorable; cuando te encuentras cargado e incluso sobrepasado de responsabilidades; cuando enfrentas carencias económicas o deudas; cuando no tienes trabajo; cuando se encuentra bajo tu cuidado alguna persona con alguna discapacidad o enfermedad terminal; cuando eres víctima de alguna injusticia; cuando ninguna persona te apoya y sientes que a nadie le importas.

Es probable que los estados de estrés, angustia y desolación que se generan con la actividad entrópica y destructiva de estos hoyos negros propicien estados depresivos, alteren los ciclos de vigilia y sueño, es decir, causen insomnio o hipersomnia (esta última se caracteriza por tener ganas de dormir a todas horas). Asimismo, también la ingesta alimenticia puede variar y manifestarse con poco o nulo apetito, o bien, comer compulsivamente y a todas horas.

También es factible que dichos estados afectivos propicien picos elevados de glucosa, así como la retención de líquidos y de grasa corporal, que se interpretan como diabetes y obesidad, enfermedades que pueden ser superadas cuando se cambia el estado afectivo y se complementa con algún tipo de ejercicio físico y, además, se adoptan hábitos saludables de alimentación. Esto se hace posible cuando se ha cancelado la turbulencia y la entropía del agujero negro de la inconsciencia, si no lo haces de esta manera, solamente lograrás incrementar las adicciones y caer de forma frecuente en periodos de atracones, ejercicio exacerbado, dietas y pereza extrema.

Es importante reconocer que si los estados depresivos han permanecido por tiempo prolongado, es probable que los mediadores bioquímicos del cerebro como la serotonina, la dopamina y otros más hayan sido alterados, por lo que se requiere valoración psiquiátrica y atención psicológica para descargar y modificar los componentes cognitivos, emocionales e incluso fisiológicos que propician dicha alteración.

Pero si ya experimentas la desolación y la angustia que se genera cuando te encuentras en la parte más densa de un agujero negro súper cargado, sigue los siguientes pasos:

- Acepta tu estado afectivo, no evadas ni minimices. Recuerda que la aceptación es la base de todo proceso de transformación.
- Realiza una derrota voluntaria, reconoce que ya no puedes más y que tú solo no puedes con esto. No olvides que en los diferentes planos de la existencia es necesario efectuar una función de onda, que en nuestro caso corresponde a una inclinación, reverencia, acto de humildad o una derrota voluntaria, para penetrar en la dimensión de infinitas posibilidades: la Dimensión de los Milagros.
- Invoca de corazón y con profunda humildad, el perdón y la misericordia del Creador, por lo que consciente e inconscientemente hubiera generado esta situación. Recuerda que el perdón ejerce una altísima frecuencia vibratoria, que puede sacarnos de la densidad del agujero

negro de la inconsciencia y elevarnos hasta el corazón de Dios, o como cada quien pueda concebirlo.

- Imagina una luz violeta que te envuelve como una cápsula y te eleva hasta el corazón de Dios. Los colores a nivel físico emiten frecuencias vibratorias de diferente rango. A nivel metafísico cada color posee cualidades particulares, por ejemplo, el color violeta a nivel metafísico representa el perdón y la misericordia divinos. Más adelante te mencionaré el significado metafísico de cada uno de los colores del arcoíris y sus posibles usos en las diferentes situaciones de nuestro diario vivir.

Recuerda que aun cuando no percibas algún cambio de momento, sientas que ninguna persona te entiende, que nadie te escucha y percibas sólo oscuridad y turbulencia, debes repetir constantemente: "Señor, no me dejes, no me sueltes de tu mano".

Te aseguro que cuando menos lo pienses, la noche oscura comienza a desvanecerse, y la turbulencia de tu mente y corazón se transformará en una infinita paz, una paz que rebasa toda comprensión. Nunca dejes la fe de lado, pues ella es la antorcha encendida que te permitirá atravesar el túnel oscuro de la inconsciencia, hasta que logres encontrarte con la luz del amor de Dios que te cobijará y te elevará hasta su corazón.

Como podrás darte cuenta, los elementos clave para clausurar la actividad entrópica y destructiva de un agujero negro súper cargado son:

- Aceptar la situación o problema.
- Admitir la derrota voluntaria o el reconocimiento de tu limitación y pequeñez humana: "Yo no puedo con esto".

- Invocar al cielo. Recuerda que lo que humanamente parece imposible, con Él y en Él se hace posible: "Señor, échame la mano".
- Solicitar el perdón y la misericordia divina. Éstos vienen a ser como la mano extendida del Creador que te alcanza y te eleva hasta su corazón, sin importar la oscuridad de la noche por la que atraviesas, el fondo emocional en el que te encuentres, o la densidad y la turbulencia del agujero negro que te mantiene prisionero.
- Demandar que no te suelte de su mano para mantener la antorcha de la fe encendida. Recuerda que: "Conforme a tu fe, te será dado".
- Agradecer. No olvides que con la gratitud es posible entrar y salir de la Dimensión de los Milagros o campo invisible del que procede toda la creación con la investidura de la gloria del Altísimo.

Los agujeros negros eternos

Como ya sabes, son aquéllos que constante y obsesivamente viajan entre el pasado y el futuro, entre el ayer y el mañana, representan la dinámica de una mente neurótica la que te hace propicio a toda clase de apegos, adicciones e incluso a las relaciones dependientes destructivas. Es cuando los instintos o defectos de carácter se desbocan o se reprimen, y cuando una y otra vez atraes a tu vida lo que algún día te causó mucho daño y que ya no quisieras vivir más.

Ocurren cuando le has concedido al miedo las riendas de tu existencia, el cual acompañado del resentimiento, la culpa, las fracturas emocionales de la infancia y el ayer no enfrentado ni superado, te mantienen en el constante devenir del ayer y el mañana, generando angustia y depresión. Y por si fuera poco, la resonancia o frecuencia vibratoria que emiten las fracturas del alma, atraen a tu vida, una y otra vez, más de lo mismo: abandono, violencia, abusos e injusticias de todo tipo, carencias, enfermedades, etcétera.

La culpa aprovecha cualquier instancia para hacerse presente y mantenerte prisionero de la oscuridad y la turbulencia del agujero negro de la inconsciencia, te hace sentir culpable hasta de tus sentimientos, por no lograr tus propósitos, y por atraer a tu vida a personas y circunstancias que te lastiman o se alejan de ti.

Para lograr salir de un agujero eterno resulta indispensable sanar las fracturas del alma mediante el rescate de tu niño interior. Para un trabajo más profundo sobre este rubro, te sugiero tomar alguno de los talleres que con este propósito se realizan cada año (visita la página <www.raquelevinstein. com.mx>), leer mi libro *En busca de un ayer perdido* y escuchar los CD de mi autoría dedicados a este trabajo.

Otro aspecto que resulta indispensable es no permitir que el resentimiento se instale en tu corazón, ya que, como ahora tú bien sabes, baja la densidad de la frecuencia vibratoria de pensamientos y sentimientos, y nos sumerge en los pozos profundos de la desolación: en la parte más densa de los agujeros negros de la inconsciencia.

Y, desde luego, también es importante utilizar la magia y el poder de un genuino perdón, el que se realiza de corazón. De entrada, es importante entender que el resentimiento y el perdón son dos procesos diferentes.

El resentimiento hunde la frecuencia vibratoria de los pensamientos, los sentimientos y las emociones. Cada viaje que realizamos hacia el pasado y hacia el futuro, alentados por el resentimiento, agrega espirales a la densidad del hoyo negro de la inconsciencia.

El perdón eleva la frecuencia vibratoria de pensamientos, sentimientos y emociones. Además, nos coloca en los umbrales de la Dimensión de los Milagros, en la puerta siempre abierta del corazón de Dios.

Para este propósito y con el fin de realizar un trabajo profundo y libertador, te sugiero consultar mí libro *El perdón, una onda cuántica de libertad*, y escuchar mis CD realizados para este fin. Por el momento, y por la relevancia que tienen estos aspectos para lograr salir de la turbulencia de los agujeros negros de la inconsciencia, te sugiero realizar los siguientes ejercicios:

Para contactar con tu niño interior. Cuando experimentes turbulencia en tu mente, y dolor y angustia en tu corazón, haz un alto, busca un espacio para ti y abrázate tú mismo, siente que abrazas al niño pequeño que vive en tu interior. En silencio dile cuánto le amas, que todo está bien, que no está solo, que cuenta contigo, y que con los dos siempre está Dios.

Observa cómo el corazón se acomoda y comienzas a experimentar una profunda paz interior que te permitirá actuar como hombre, como mujer, mientras que tu niño interior se columpia en las estrellas y se cobija con un rayito de sol.

Para dejar el resentimiento de lado. Si sabes que éste se alimenta del ayer y del mañana, aprende a vivir *sólo por hoy*. Lo más importante para superar el resentimiento es perdonar los eventos dolorosos del ayer y agradecer de corazón lo que está por venir. Ten la certeza de que cuando has invitado a Dios a tu vida, lo que es para bien será, y lo que no es, no será.

Para pedir perdón usa la luz violeta. Ésta a nivel físico emite una frecuencia vibratoria de muy alto nivel, y a nivel metafísico representa el perdón y la misericordia divinos. Imagina que viene desde lo más alto, y que te envuelve hasta formar una cápsula que te eleva hasta las estrellas. En silencio repite con fervor y gratitud: "Que el perdón y la misericordia divinos me liberen del dolor y el sufrimiento que mis errores conscientes e inconscientes hayan generado en mi vida en cualquier manifestación y a los que más amo". Experimenta, disfruta y agradece la paz que te regala el perdón y la misericordia divinos, sin olvidar que si son genuinos implican el compromiso de no volver a realizar el día de hoy, lo que ayer realizaste en inconsciencia. En tu imaginación observa cómo la cápsula de luz violeta que te envuelve comienza a descender al aquí y al ahora, y paulatinamente se va desvaneciendo, pero dejando una sensación de inmensa paz y alegría en tu corazón.

Recuerda que no podemos dejar de lado el miedo, que es, en primera instancia, el encargado de sumergirnos en la densidad de los agujeros negros. Recuerda que como es el equivalente de la fuerza de gravedad en el espacio, es una energía que literalmente jala y arrastra hacia la oscuridad y la turbulencia de los agujeros negros de la inconsciencia. No olvides lo que dice el poeta: "Donde hay amor no hay miedo, y donde hay miedo no hay amor".

Ahora ya sabes que el miedo nos succiona de la fuerza trasformadora del amor, la cual, como la más poderosa luz, ilumina nuestra existencia y, como fuerza de atracción, atrae a nuestra vida solamente personas, experiencias y circunstancias que constituyen una bendición para nosotros mismos y para los seres que amamos. Mientras que el miedo nos sumerge en la oscuridad y la turbulencia de los agujeros negros de la inconsciencia, y experimentamos día con día el mundo del revés, alejando todo lo que deseamos, y atrapándonos con cadenas y candados en todo aquello de lo que quisiéramos escapar.

De tal manera que el primer recurso para alejar el miedo es el amor, pero, por favor, no confundas el amor con pasión o sexo desbocado; tampoco con posesión o manipulación. El amor es respeto, servicio, entrega, alegría, consideración y todo aquello que te proporciona felicidad y paz interior. Es uno de los atributos de Dios y se manifiesta de manera sutil pero infinita. Tiene el poder de sanar, de renovar la energía, de hacer ligero cualquier trabajo, de multiplicar lo bueno, de transformar la oscuridad en luz, el dolor y el sufrimiento en paz, armonía, serenidad y dicha interior.

El amor se viste de todos los colores y adopta todas las formas. Se manifiesta de mil maneras, que incluso en ocasiones podrían parecer contrarias: con un "no" para establecer límites y reglas o con un "te amo" para regalar un genuino perdón y olvidar el agravio de antaño. El amor también se hace presente cuando de corazón se dice "te quiero", y en la promesa de un "hasta siempre".

Con el vestido del amor es posible traspasar tiempo, espacio y geografía para alcanzar el corazón del Creador, nuestro Dios, que es su fuente de origen, y decirle "te amo" a quien físicamente, sólo físicamente, ya no está. No lo dudes, el amor es un poderosísimo antídoto contra el miedo y los estragos que éste genera tanto en nuestro interior como en nuestra realidad exterior.

Otro aspecto relevante para enfrentar y transformar el miedo es no olvidar que su función, en la dinámica de la mente, es ser voz de la memoria del pasado y voz de alerta por lo que pudiera acontecer en el futuro. El miedo no es adivino ni profeta, no le otorgues un poder que no tiene, por el contrario, puede ser tu amigo y un excelente informante de los eventos difíciles y traumáticos del ayer, y un magnífico previsor de los acontecimientos del mañana. Y si aprendes a aprovechar toda esta información que el miedo genera, en vez de caer en la turbulencia entrópica y destructiva de los agujeros negros de la inconsciencia, aprovechas la misma para que por medio del conocimiento y el aprendizaje logres transformarte en una persona más fuerte, más grande, más segura de sí misma y, sobre todo, más cerca de la luz y el amor de Dios, o como cada quien pueda concebirlo.

Para este propósito te sugiero utilizar un cuaderno y una pluma para preguntarle al miedo por qué sientes temor o angustia ante determinada persona o circunstancia, y escribe todo aquello que venga a tu mente por medio del recuerdo. El miedo, además de ser memoria, te va a decir siempre la verdad, nunca te va a engañar.

Cuando realices este ejercicio te darás cuenta del invaluable valor que tiene el miedo en nuestra existencia y el gran amigo que puede ser para ti. Otro prodigioso recurso para enfrentarlo y transformarlo es aprender a escucharlo. Sabes que el miedo no miente y puede ser un gran aliado, pero, sobre todo, cuando le das las gracias por la información y por mantenerte alerta. Sin embargo, con cariño y con un profundo respeto debes decirle algo como esto: "Gracias, miedo, por recordarme y prevenirme, pero las riendas de mi existencia se las entrego a Dios en cada amanecer, y si Él está a cargo, todo se encuentra bien".

Observa en silencio cómo, cuando haces esta afirmación, el miedo se queda callado y además se hace a un lado. Podría asegurarte que él hace una reverencia o función de onda cuando le hablas de Dios, nuestro Padre. Y así como pasa con las partículas más diminutas de la materia que son imperceptibles al ojo humano cuando realizan esta función, el miedo desaparece y deja de ejercer el poder que te ancla a esa fuerza caótica y destructiva de la materia, la fuerza entrópica que se gesta en la turbulencia de los agujeros negros de la inconsciencia.

Y así, como la fuerza de gravedad en el universo –que ejerce un poderosísimo poder de atracción y una fuerza destructora inmensa– es la más débil de las cuatro fuerzas del cosmos, también el miedo se transforma en un débil y obediente corderito cuando le hablas con respeto y cariño, pero, sobre todo, cuando le haces saber que el Ser supremo conduce las riendas de tu existencia.

Ya no le tengas temor al miedo, y deja de sentirte como papalote al viento o corcho en el mar. Ahora sabes que la energía entrópica y destructiva que genera el miedo y sus acompañantes de la inconsciencia, puede ser transformada con energía antientrópica. Recuerda que algunos ejemplos de esta última son el amor, el perdón, dejar de alimentar al resentimiento y ejercer, siempre que puedas, el privilegio de la gratitud y el poder de la oración, cuando ésta se realiza desde lo más profundo del corazón.

En resumen, para dejar de navegar en la fuerza entrópica, desgastante y destructiva que genera un agujero eterno, tanto en tu interior como en tu realidad exterior, es indispensable lo siguiente:

- Reconocer, enfrentar y transformar al miedo mediante un diálogo respetuoso con él. Tienes que agradecerle sinceramente los recuerdos que trae a tu mente, con el único fin de que logres aprender de tu ayer, perdonar lo que sea necesario y mantener un contacto consciente con el Ser supremo. Además, también debes darle las gracias a su voz de alerta que te previene de lo que pudiera pasar en un futuro.
- Nunca le otorgues al miedo un poder del que carece, porque eso le da fuerza destructiva. Nunca olvides que el miedo es la ausencia del amor.
- Recordar que el miedo se hace de lado cuando le hablas con cariño y respeto. Sobre todo cuando le haces saber que las riendas de tu existencia las conduce Dios, la luz eterna.
- Tener en cuenta la importancia de vivir de manera intensa cada hoy. En tanto, la atención puesta en el momento presente funciona como una vacuna contra el resentimiento.
- Utilizar siempre que puedas la magia y el poder que nos regala el perdón, pues mientras el resentimiento tiene la cualidad de hundirte en la densidad destructiva de los agujeros negros de la inconsciencia, el perdón actúa como un helicóptero espiritual que te eleva hasta el corazón de Dios.
- Procurar rescatar a tu niño interior de la oscuridad del agujero negro en el que se encuentra sumergido. Abrázate tú mismo siempre que puedas, dialoga en silencio

con ese pequeñito que vive dentro de ti y recuérdale lo especial e importante que es para ti; también háblale del amor de Dios que los cobija a los dos.

- Nunca hay que olvidar que la culpa va a aprovechar cualquier instancia para aprisionarte en la oscuridad y la entropía de los agujeros negros de la inconsciencia, haciéndote sentir que no eres merecedor de algo bueno, boicoteando tus sueños, y atrayendo a tu vida a personas y circunstancias que generan dolor y sufrimiento.

- Recuerda que los errores que no se enfrentan se transforman en culpa, mientras que cada equivocación aceptada y enfrentada se convierte en un peldaño de libertad, conciencia y conocimiento.

- Tener presente que lo importante no es jamás cometer algún error, ya que si ése fuera el caso, ya serías un ángel. En tanto, una característica distintiva de la naturaleza humana es precisamente cometer errores, o como decía nuestro hermano mayor, Cristo Jesús: "Quien se encuentre libre de culpa, que arroje la primera piedra". No cabe la menor duda de que Él nos conocía a la perfección. Lo relevante es aceptar tus errores, enfrentarlos y transformarlos en experiencia para no volver a cometerlos.

- Aceptar el error cometido, no hay que evadirlo ni minimizarlo, mucho menos justificarlo o buscar culpables, pues todo esto sólo alimenta a la culpa, y el tormento que ésta genera se hace cada vez mayor. Una vez que admites el error y experimentas la mortificación y la vergüenza por lo que has realizado o tal vez dejado de hacer (por ejemplo: no cumplir con alguna responsabilidad, desamparar a un ser querido en su enfermedad, abandonar a la familia, etcétera), cuestiónate sinceramente si hoy con conciencia harías lo que ayer realizaste en inconsciencia. Si la respuesta es un *no* de corazón, la culpa se desmorona, y el error de antaño se transforma en aprendizaje, tributo a la vida, proceso de evolución y ofrenda al Creador.

- Considerar que es posible aprender de los errores ajenos, pero los únicos que puedes modificar son los tuyos, y esto es lo que te permite transformar la energía entrópica y destructiva que se genera en los agujeros negros de la inconsciencia, en el impulso suficiente para penetrar al campo invisible e intangible, la mente infinita y el amor de Dios, para que así puedas salir de nuevo a la realidad material, pero con la fuerza interior y el conocimiento necesarios para transformarla.

Por todo lo anterior, puedes darte cuenta de que los agujeros negros que formas por inconsciencia e ignorancia, con el poder de tus acciones, intenciones, pensamientos y sentimientos, pueden ser transformados en caminos de aprendizaje, crecimiento interior y evolución como humanidad.

Ahora bien, tomando como sustento la ley de correspondencia que afirma que *como es arriba, es abajo*, podemos observar que esto mismo ocurre en el mundo cuántico o subatómico, cuando las partículas elementales de la materia, en un constante proceso de creación y destrucción, están en continuo movimiento, chocando unas contra otras y generando impresionantes despliegues de energía. No obstante, cuando realizan lo que se conoce como función de onda de Schrödinger, desaparecen del plano material cuando penetran en la dimensión invisible e intangible de la que emerge toda la creación. Y posteriormente, cuando retornan al campo visible y tangible, los físicos cuánticos refieren que: *son las mismas, pero ya no son las mismas*. De esta manera, logran transformar la realidad.

En el plano de la relatividad, una analogía con la fuerza entrópica o destructiva de la materia, sería cuando se enciende un carbón, y al degradarse, pierde su forma original, pero nos ofrece calor que puede ser utilizado para calentar un comal y hacernos unos ricos sopecitos o quesadillas. Es decir, que el proceso de destrucción favorece también la creación de elementos suficientes para formar un nuevo sistema de mayor complejidad y envergadura.

En el cosmos acontece algo similar: los astrofísicos señalan que los agujeros negros, que en un inicio son los grandes devoradores de soles, estrellas, planetas y galaxias, mediante la fuerza destructiva emiten radiación o energía que alimenta a los cuerpos celestes del universo.

¿Te das cuenta? Ante nosotros se presenta la maravillosa oportunidad de transformar la energía entrópica en un impulso de vida, poner fin a la noche oscura que enfrentamos como humanidad, y transformarla en el alba de un nuevo y maravilloso amanecer en el cual, no lo dudes, los hombres volveremos a ser hermanos, constructores de un nuevo mundo en donde prevalezca la paz, el amor, la armonía y la auténtica felicidad en todos.

A diferencia de los cuerpos celestes del universo, que tienen que esperar miles o millones de años para lograr la aniquilación de la materia, y liberar la luz y la energía que permanecen atrapadas en ésta, nosotros, como seres humanos e hijos de Dios, tenemos el privilegio de elegir lo que queremos vivir, porque somos poseedores del libre albedrío y, además tenemos los dones y las herramientas para transformar toda la energía destructiva que hemos generado, por ignorancia e inconsciencia, en un novedoso y encumbrado sistema de vida. Esto último representa nuestra evolución como seres humanos.

En caso de que no tomemos las riendas de nuestra existencia, ejerzamos nuestros valores más encumbrados –los que distinguen nuestra dimensión humana–, y permanezcamos desconectados de la fuente generadora de toda vida, la mente cósmica y el amor de Dios, nuestro destino como humanidad será marcado por la destrucción y la muerte, tal como acontece hoy en día, pero con mayor intensidad. De igual manera, los agujeros negros, en cualquiera de sus manifestaciones o planos de existencia, tienden a la densidad de la singularidad de cada uno de ellos, es decir, la carga entrópica aumenta de forma descomunal.

La realidad aberrante que enfrentamos ahora nos ofrece la oportunidad de aprovechar toda la energía entrópica y destructiva que hemos generado, para transformarla en el mundo y la vida que anhelamos experimentar. Te aseguro que no tenemos que esperar años, ni mucho menos siglos, para alcanzar tal cambio. Bastaría con que reconociéramos nuestra lamentable situación, tanto como individuos, como familias, como compañeros de trabajo, como mexicanos y como humanidad, para aceptar nuestra responsabilidad y nuestro compromiso de cambio. Además, invocar al cielo, con profunda humildad, para pedir la guía y orientación divinas, y lograr dar un salto cuántico a la Dimensión de los Milagros. Y así como las partículas elementales de la materia logran penetrar al campo invisible e intangible del que proviene toda la creación, para teñirse con la gloria del Eterno, y aparerecer de nuevo a la realidad material para transformarla, nosotros también podemos hacerlo, para salir siendo los mismos, pero nunca más los mismos.

Debemos aprovechar todo el aprendizaje que esta dolorosa etapa nos ha dejado para experimentar la magia y el poder del genuino perdón; mantener un contacto consciente con Dios mediante la supremacía de la oración; dejar de buscar en la materia lo que ésta no puede brindar, y buscar en toda oportunidad el Reino de los Cielos y su justicia para ver en todo momento y en todo lugar la añadidura bendita que multiplica lo bueno, y aleja lo que causa daño.

Buscar el Reino de Dios y su justicia significa que hagamos todo lo que hacemos por amor, y no por dinero ni prestigio, sino para servir a los demás en vez de que los demás nos sirvan, darle honor a nuestra palabra y compromisos, actuar con honestidad y lealtad, y dejar de lado la mezquindad y el egoísmo para darle pie a la nobleza y la compasión, es decir, tratar a los demás como tú mismo quisieras ser tratado.

Tenemos que hacer todo aquello que nos enaltece como seres humanos y nunca olvidar que los otros, somos nosotros mismos; que lo que realizamos por ellos, lo hacemos también por nuestra persona, y que lo que pedimos o deseamos para los demás, ¡se nos va a regresar multiplicado! Tal como lo decía san Juan de la Cruz: "Dios nunca va a hacer por el hombre lo que el hombre debe hacer por sí mismo".

También resulta imprescindible que de una vez por todas elimines todas las creencias que te han hecho pensar que Dios es un ser cruel, castigador y vengativo que anda tras nosotros con el garrote para reprendernos severamente por nuestras constantes fallas y caídas. Dios ni castiga ni premia, pues no es Santa Claus, y si bien a Él le corresponde todo lo imposible, lo posible nos corresponde a nosotros por fuerza.

Para ilustrar lo anterior, te pongo el ejemplo de un santo que no sabe nadar y que se mete a un mar embravecido por un huracán; supongo que ya te podrás imaginar lo que le va a suceder. Ahogarse o salir a flote no depende de si es buena o mala persona, sino de si tiene suficientes conocimientos y es responsable. Y aun cuando los milagros siempre se encuentran al alcance, lo mejor es no tentar a Dios, y hacer lo que nos corresponde hacer.

Las consecuencias que enfrentamos son el producto de nuestras decisiones, de nuestros pensamientos, de lo que decimos, sentimos y hacemos. Dejemos de lado el pensamiento mágico y nocivo de que Dios va a solucionar todos nuestros problemas, así como la idea de que Él no nos escucha cuando le pedimos algo. Pedir, rogar y suplicar sin que nosotros hagamos lo que nos toca hacer, de una vez por todas te lo digo: ¡no va a funcionar!

En el siguiente capítulo te compartiré mi concepto de Dios, y cómo relacionarte con Él para mantenerte permanentemente conectado con el manantial infinito de toda vida. Además, más adelante, a manera de conclusión, te comentaré acerca de las actitudes que debemos adoptar nosotros como humanidad, no sólo para dejar de generar agujeros negros de la inconsciencia y con ellos la energía entrópica y destructiva, sino también para aprovechar ésta con el fin de lograr nuestra evolución como humanidad, forjar una vida plena y conseguir un mundo mejor.

Capítulo 12

Dios y la ciencia

Antes de compartir contigo la percepción y el concepto que tengo del Ser supremo, quisiera traer a colación lo que grandes hombres de ciencia han señalado en este sentido.

Aquellos hombres a los que la ciencia debe sus logros más significativamente creativos, fueron individuos impregnados de la convicción auténticamente religiosa de que este universo es algo perfecto y susceptible de ser conocido por medio del esfuerzo humano y la comprensión racional.

De no haber estado inspirados en su búsqueda por el *amor Dei intellectualis* de Spinoza, difícilmente hubieran podido dedicarse a su tarea con esa infatigable devoción, la única que permite al hombre llegar a las más encumbradas metas.

Yo sostengo que el sentimiento cósmico religioso constituye la más fuerte y noble motivación de la investigación científica.

Mal andaría la humanidad si su único freno fuese el miedo al castigo o la recompensa en la otra vida.

La ciencia sin la religión está coja. Y la religión sin ciencia, ciega.

Albert Einstein

Dios es un matemático, y el universo está empezando a parecerse más a un gran pensamiento que a una gran maquinaria.

Sir James Jeans

¿De dónde vengo y a dónde voy? Ésta es la gran cuestión insondable, la misma para cada uno de nosotros. La ciencia es incapaz de responderla.

La ciencia se abstiene también de hablar cuando aparece la cuestión de la gran unidad –el uno postulado por Parménides–, de la cual todos formamos parte de algún modo, a la cual todos pertenecemos. El término más común para designarlo en nuestros días es Dios.

Erwin Schrödinger

El anhelo de la superación de los opuestos, extensivo al logro de una síntesis que abarque a un tiempo la comprensión racional y a la experiencia mística de la unidad, constituye el mito, confesado o no, de nuestro tiempo y de la época actual.

Wolfang Pauli

Todos sabemos que existen regiones en el espíritu humano que escapan del mundo de la física. En el sentimiento místico del mundo que nos rodea, en la nostalgia de Dios, en la expresión artística, el alma se eleva sobre sí misma hasta llenar en plenitud una aspiración que surge de su propia naturaleza. La confirmación de este proceder proviene del propio interior, de una inclinación nacida junto con la propia conciencia, o de una luz interior que procede de un poder superior al propio.

SIR ARTHUR EDDINGTON

Cualquiera que haya participado con seriedad en cualquier clase de trabajo científico sabe que a la entrada del templo de la ciencia está escrito sobre la puerta: "necesitas tener fe".

MAX PLANCK

La lista de connotados investigadores, sus aportaciones a los avances de la ciencia y las citas referentes a la existencia de algo más grande que no puede ser captado con los instrumentos, procedimientos o metodología con los que se abordan los fenómenos de la materia, es interminable. No obstante, como podrás darte cuenta, el pensamiento místico o religioso ha acompañado a grandes sabios en su búsqueda por encontrar respuestas a los misterios que nos ofrece la vida misma en el abanico interminable de sus manifestaciones.

De hecho, te aseguro que tanto los hombres de ciencia como todos los demás seres humanos, ríen, lloran, se decepcionan, se enamoran, tienen anhelos, sueños, y ante la pérdida de un ser querido, albergan, tal vez silenciosamente y en secreto, el deseo de que haya algo más que la finitud de la materia.

La realidad es que en la actualidad los derroteros de la ciencia apuntan hacia ese campo intangible e invisible del que se sabe con certeza que emerge toda la creación, y mientras más sepamos de éste, mayor será nuestro campo de conocimiento del universo entero. Sin embargo, quizá Eddington tenía razón: "El universo no está para ser analizado, sino para ser vivido".

Llamémosle como le llamemos, es cierto que existe algo o alguien más enorme que nuestra pequeñez y finitud material; infinitamente más grande que nuestros errores y caídas, que nuestras carencias y limitaciones; más inmenso que nuestros miedos y angustias, y aun cuando tú lo dudes, responde a nuestra invocación, quizá en ocasiones no como quisiéramos, pero sí como lo necesitamos. Lo importante es saber que no caminamos solos y, además, tener en cuenta que quien hizo el mar, la tierra y el cielo, camina contigo y... ¡vive en ti!

Como te he mencionado anteriormente, desde diferentes enfoques o campos de investigación, y realizando un puente entre física y metafísica, ciencia y espiritualidad, cuerpo y espíritu, nada y eternidad, es posible percibir que Él es la mente cósmica, la sabiduría infinita, la primera causa, Dios, o como cada quien pueda concebirlo. Es la fuerza que alienta la vida, el campo cuántico del que emergen las partículas elementales o más diminutas de la materia, el campo de Higgs, del que emerge la partícula divina o la partícula de Dios, que es la encargada de traer a la materia lo que emerge de esa fuente invisible e intangible de la que procede toda la creación.

Ahora lo sabes, Dios es mente, forma, esencia, energía, sustancia y manifestación. Él es todo lo que es, lo que ha sido y será.

De tal manera, podemos entender que cuando buscamos respuestas a las mil preguntas sobre los misterios del universo, de la naturaleza, de nuestra esencia y nuestro infinito potencial, nos encontramos escudriñando en la mente infinita, en la inteligencia de Dios. Cuando valoramos y respetamos la vida en toda manifestación, estamos rindiendo tributo a la vida de Dios, la cual es nuestra propia vida.

Mientras nos amamos a nosotros mismos, también estamos en la posibilidad de amar a los demás y de recibir amor a manos llenas. Al hacer todo con amor y afán de servicio, al dejar de buscar el beneficio propio, al buscar en primera instancia el bien de los demás –confiando en la añadidura bendita con la que Dios colma nuestra existencia cuando cumplimos la sentencia bíblica: "Primero busca el Reino de Dios y su justicia, y todo te será dado por añadidura"–, navegamos en el océano infinito del amor de Dios en donde hasta lo imposible se hace posible. Sólo te pido que no olvides que el amor sin respeto no es amor.

Decía nuestro hermano mayor Cristo Jesús: "La verdad te hará libre". Esta verdad es la que nos permite saber que somos más, mucho más que materia, más que cuerpo, tiempo y espacio. Es también la que nos hace saber que somos eternidad, que somos seres de luz en un cuerpo y un plano material, y nos mantenemos prisioneros de las leyes caóticas y destructivas que caracterizan a éste hasta que descubrimos nuestra grandeza infinita y nuestro nexo eterno con el Creador del cielo, del mar y de la tierra. Además, somos el poder que ejerce la mente sobre la materia y la fuerza de transformación de nuestros pensamientos, sentimientos, emociones y creencias. Sin embargo, también debemos aceptar nuestra propia responsabilidad ante el cosmos, en tanto, tal como diría el doctor Víctor Frankl: "No existe libertad sin responsabilidad".

Cuando aceptemos que hay algo mucho más grande que nuestras limitaciones materiales, carencias, enfermedades, conflictos, adversidades y diagnósticos fatales, ese algo infinito, invisible e intangible que es la fuente de vida de donde emerge toda la creación, la fuerza que hace latir el corazón, que renueva tus células, que es el aliento de toda vida y la esencia de toda manifestación, es cuando nos encontraremos conscientemente conectados con el espíritu infinito, el espíritu de Dios, o como cada quien pueda concebirlo.

Recordemos que somos uno solo en el corazón de Dios; que el universo significa la unión de lo diverso; que lo que le hacemos al otro, lo hacemos para nosotros mismos; que lo que pedimos para los demás, lo pedimos para nosotros también. Somos seres individuales en un todo universal. Entendamos que la unidad, el trabajo en equipo, el servicio y entrega para el bien de los otros, es en realidad lo único que puede beneficiar a nuestra persona. Sólo en la unidad nos encontraremos en la esencia misma de la creación. Así como Empédocles, filósofo presocrático, señalaba: "El amor une, el odio separa".

Cuando entendemos y respetamos las leyes universales, éstas actúan a nuestro favor; en cambio, cuando las ignoramos y trasgredimos, se vuelcan contra nosotros: "El que la hace, la paga". Así que ahora lo sabemos con toda certeza, Dios no castiga ni premia. Él nos ha concedido el libre albedrío para elegir lo que queremos vivir. Cuando eligimos lo bueno y lo correcto, lo que nos enaltece como seres humanos, las consecuencias –lo puedo asegurar– rebasarán nuestras expectativas; cuando eligimos el mal, alentados por el poder, el egoísmo, la mezquindad, la soberbia y el dinero, las consecuencias no sólo las podemos imaginar: ¡las podemos ver! En tanto, el mundo que parece que se desmorona en nuestras manos, es lo que estamos experimentando hoy en día como humanidad, pero no hay que desalentarnos: ¡podemos cambiar! Debemos cambiar, sembrar semillas buenas para conseguir una cosecha diferente. Elijamos lo bueno, ya que nos conducirá al reencuentro consciente de quien hizo el cielo, el mar y la tierra.

Ahora que también sabes que *el que busca, encuentra*, te invito a buscar a Dios en todas partes, sin temor al castigo y sin fanatismo, como el mejor amigo que camina contigo en todo momento. Búscalo en la magia de cada amanecer, en el vuelo y el canto de las aves, en el aroma y el color de las flores, en el mágico vuelo de un colibrí, en la danza de las hojas de los árboles que caen con el viento, en la forma de las nubes que cambian a cada momento, en la bendición de un anciano, en la inocencia y la sonrisa de un niño, en un perdón que se regala de corazón, en la majestuosidad y el devenir de las olas del mar, en la inmensidad del horizonte y la aparente pequeñez de una gota de rocío, en cada latido del corazón y las mil formas con las que el arquitecto del universo, Creador del cielo, del mar y de la tierra te dice que está… ¡Siempre contigo!

Ése es precisamente mi concepto de Dios: Él es la esencia y la sustancia de todo lo creado; es la sonrisa que aparece en nuestro rostro cuando somos felices y el llanto de nuestras tristezas; es la vida en toda manifestación; es el agua que recorre caudalosa en los ríos para llegar al mar, convertirse en nube para regalarnos la lluvia fresca que acaricia nuestro rostro, alimenta a la naturaleza y le da vida a la vida.

Es la promesa que se gesta en un embrión, la fuerza que hace latir el corazón, que renueva nuestras células y permite el renacer de una primavera después de un largo y frío invierno; es la idea que se nos ocurre y aclara nuestras dudas; es la interrogante que busca respuestas; es el descubrimiento que nos sorprende; es el amor que cobija nuestros sueños; es el consuelo en nuestras tristezas y la compañía secreta en nuestra soledad; es provisión y sustento; es la claridad que anuncia el alba de un nuevo amanecer, el despertar de la naturaleza y la noche que nos prepara para el reposo.

En su mente infinita se encuentran resguardados los misterios del cosmos y de la vida en toda manifestación, y en su corazón la caricia y el aliento que nos invita a ponernos de pie frente a la vida para conquistar la infinita dimensión humana. Es la luz y el calor que nos regala el sol, y está escondido en las formas que adopta la luna y que inspiran a los enamorados. Se encuentra en el brillo de una estrella, en los colores del arcoíris, en cada acto de bondad, y en la magia y el poder de un genuino perdón.

Percibirlo así es sentirlo tan cerca, tan dentro de uno. Es cambiar el enfoque de la vida, encontrar paz, serenidad en el alma y dicha infinita en el corazón. Te invito a vivir enamorado de Dios y a caminar con Él; a invitarlo como socio en tus negocios, en tu trabajo; a ser el centro de tu familia; a ser la luz que alumbra tu camino en todo momento y en todo lugar; a darle gracias por todas las cosas buenas que trae a tu vida y también por las que en apariencia son malas, que te brindan la oportunidad de aprender, de descubrir tus infinitos recursos interiores y, sobre todo, a utilizar la magia y el poder del perdón. Recuerda que la gratitud es un pasaporte a la Dimensión de los Milagros. Sorpréndete con las ideas que se te ocurren cuando le pides guía para tomar decisiones, pero hazlo en sigilo, como quien habla con su mejor amigo, y aprende a escuchar la voz silenciosa del corazón que es el lenguaje con el que habla Dios.

Capítulo 13

Tiempo de alquimia

> Muchas mañanas llenas de gloria he visto
> halagar con ojo soberano las cumbres
> montañosas, besando con dorado rostro
> las verdes praderas y tiñendo los pálidos
> arroyos de celestial alquimia.
>
> WILLIAM SHAKESPEARE

La alquimia, según el diccionario de la Real Academia Española, es la "trasmutación maravillosa e increíble". Para Saint Germain: "La alquimia es la composición total o la relación entre la totalidad de la creación y las partes que lo componen; trata sobre el poder consciente de controlar las mutaciones y trasmutaciones en el interior de la materia, la energía y la vida misma [...]. Es la ciencia del místico y es el punto fuerte del hombre autorealizado que, habiendo buscado, ha descubierto que es uno con Dios y está deseoso de desempeñar su papel".[1]

Y de eso se trata precisamente: que así como el sol realiza la alquimia universal cuando hace su aparición cada mañana, cuando llega formal a la cita de cada amanecer para transformar la noche en día, la oscuridad en luz, y con su calor dar vida a la vida, a nosotros nos toca saber y sentir que tenemos

---

[1] Saint Germaín, *Alquimia*, México, Grupo Editorial Tomo, 2000.

el poder de transformar la fuerza entrópica que caracteriza a la materia en un ciclo final, en el brillo del alba que anuncia la llegada de un nuevo y maravilloso amanecer. Es saber, reconocer y aceptar que además de que tenemos el poder de transformar la oscuridad en luz, también es posible transformar el infierno conocido, por inconsciencia, en libertad de conciencia; de romper las cadenas, candados y grilletes que nos mantienen prisioneros de los agujeros negros de la inconsciencia y descubrir que podemos colocar alas a nuestros pensamientos para volar hasta el corazón de Dios en el aquí y el ahora. No tenemos que esperar otra vida, recuerda que la vida es Dios y, por lo tanto, toda manifestación de existencia debe expresar la belleza, plenitud, perfección y magnificencia de su Creador: "Sed perfectos, como perfecto es vuestro Padre".

Es también ser conscientes, es decir, darnos cuenta de que tal como lo afirman los físicos cuánticos desde principios del siglo pasado: "La mente influye sobre la realidad material y el pensamiento le da forma a la materia".[2] Además, mediante la inconmensurable potencia de una oración, la que sale del corazón, es posible conectarnos conscientemente con el Ser supremo, fuente generadora de toda vida, y con esto tener presente que somos criaturas privilegiadas y amadísimas de Dios, a quienes se nos ha concedido la gracia de elegir lo que queremos vivir. Por si todo esto fuera poco, también estamos dotadados con los recursos necesarios para lograrlo, éstos han sido instalados en nuestra mente y en nuestro corazón

---

[2] Véase Paul Davies, *Dios y la nueva física*, Barcelona, Biblioteca Científica Salvat, 1983; Ramon Marquès, *Descubrimientos estelares de la nueva física*, Barcelona, Índigo, 2004; Raquel Levinstein, *Pasaporte a la Dimensión de los Milagros*, México, Panorama, 2015.

desde el principio del tiempo, sólo tienes que descubrirlos, aceptarlos y, por supuesto, ¡aplicarlos!

Ya no lo dudes, lo que dices, haces, piensas y sientes, así como la naturaleza de tus intenciones, determinan tu realidad, tanto a nivel interior como exterior. No obstante, te recuerdo que así como en el universo existen dos potencias: día y noche, luz y oscuridad, en nuestra mente también se encuentran presentes. *Como es arriba, es bajo. Como es adentro, es afuera.* Como es en el cielo, es en la tierra. Como es en tu mente, es en tu realidad.

Mantén siempre presente que la potencia que nos conecta con la claridad, lo que la Psicología Cuántica y del Espíritu®, hoy Psicelogía, postula como el día de la mente o fuerza creadora de la vida, es alentada por el amor y todo lo que ello implica: gratitud, servicio, honestidad, lealtad, compasión y lo que nos enaltece como seres humanos.

En cambio, la potencia de oscuridad recibe el impulso, principalmente por la presencia del miedo, así como todos y cada uno de los componentes o *chuladas* de la inconsciencia, como la culpa, el resentimiento, las fracturas del alma, las que fueron generadas en la infancia principalmente; además, del egoísmo, la mezquindad, la hipocresía, los celos, la envidia y cada uno de los defectos de carácter, tanto en su tendencia de exaltación como de represión.

No obstante, lo terrorífico que parece la actividad entrópica y destructiva que nos ancla a la materia, nos brinda la oportunidad de realizar cambios estructurales en nuestro interior, de transformar el error en aprendizaje, la caída en el impulso de ponernos de pie fortalecidos, más libres y más conscientes. También de transformar el dolor en dicha, la oscuridad en luz, y la noche oscura del alma en la iluminación de la conciencia y en el alba de un nuevo y esplendoroso amanecer.

La actividad entrópica y destructiva de la mente equivale a la fuerza de gravedad en el espacio. Es la potencia que nos ofrece los materiales necesarios para transformar nuestros defectos de carácter en virtudes; las experiencias traumáticas o dolorosas en aprendizaje, crecimiento y evolución; y en cada adversidad, la oportunidad de descubrir nuestros talentos interiores, de ejercer la magia y el poder del perdón, de invocar al cielo, de pedir la guía y orientación divinas para mantenernos conectados con la fuerza creadora, el manantial infinito de toda vida. De esta manera, lograremos mantener el equilibrio en nuestra mente, en nuestro corazón (emociones y sentimientos), en nuestra realidad exterior, para encender la chispa de divinidad que se encuentra en lo más profundo de nuestro ser.

Haciendo una analogía con lo que acontece con un trozo de carbón cuando se enciende, podemos optar por dejar que se consuma sin aprovechar alguna de sus cualidades, incluso permitiendo que el bióxido de carbono que se genera se convierta en tóxico, lo cual puede tener consecuencias mortales. O bien, tomando las precauciones pertinentes, es decir, buscar un sitio bien ventilado, podemos aprovechar el calor que se desprende del carbón para poner un comal y realizar guisos deliciosos sobre éste. El conocimiento hace la diferencia, y la decisión es personal: somos nosotros los que elegimos qué hacer con las experiencias que llegan a nuestra vida. Los efectos de cada decisión son las consecuencias pertinentes y no son el castigo o el premio del cielo. Recuerda que somos habitantes distinguidos de un planeta y un universo regido por leyes inalterables. Por lo tanto, lo que tú le entregas a la vida, ella te lo regresará multiplicado: *Lo que va, regresa. Lo que sube, baja. Lo que baja, sube.*

Nosotros tenemos el poder de elegir si nuestros defectos de carácter se transformarán en instintos desbocados que nos conviertan en esclavos de adicciones y prisioneros de los estragos de la culpa, el miedo y el resentimiento, y que atraigan una y otra vez a nuestra existencia lo que ya no queremos vivir. O por el contrario, podemos transformar nuestras experiencias y emociones en conocimiento, aprendizaje, iluminación y expansión de la conciencia, así como nuestros defectos de carácter en virtudes, para que logremos conseguir paz, armonía y equilibrio en nuestro interior y en nuestra realidad exterior.

Ahora bien, para realizar la trasmutación o alquimia de la noche de la mente en claridad e iluminación, es importante reconocer en primera instancia nuestros defectos de carácter para lograr transformarlos en virtudes. Asimimo, aceptar las emociones que experimentamos, admitiendo que si bien tenemos derecho de sentir lo que sentimos, también tenemos la obligación de que nuestras emociones destructivas no dañen a los demás, ni al entorno ni a nosotros mismos. Nunca olvides que lo que le haces a otro, te lo haces a ti mismo.

También resulta indispensable ejercer la magia y el poder que nos regala el genuino perdón. El cual le regala más a quien perdona que al perdonado, y considerar que el resentimiento y el perdón son dos procesos diferentes.

El resentimiento baja la frecuencia vibratoria de las emociones, sentimientos y pensamientos, sumergiéndonos en la densidad de la fuerza destructiva del agujero negro de la inconsciencia, convirtiéndolo en eterno, es decir, hacer que las experiencia que ya no queremos vivir, aparezcan una y otra vez.

En cambio, el perdón eleva la frecuencia vibratoria de las emociones, los sentimientos y los pensamientos que, como sabes, se elevan hasta el corazón de Dios. Es decir, el perdón le pone alas a la mente y nos eleva hasta las cimas más encumbradas, donde es posible conocer el rostro del Creador, y experimentar la libertad gozosa y victoriosa que nos otorga el perdón y la misericordia divinas.

Ya te había mencionado anteriormente que cuando no tenemos clara la diferencia entre ambos procesos, es frecuente que cuando hayamos realizado un proceso de perdón y experimentemos temporalmente la libertad y la paz que éste nos regala, cuando menos lo pensamos, nos encontramos de nuevo resentidos y atrayendo a nuestra existencia toda clase de contratiempos, enfermedades y carencias. ¿Alguna similitud con la vida real?

Para este caso piensa en alguien que te debe dinero, pero que se niega a pagar. Tú decides perdonarlo e incluso le pides a Dios que lo bendiga y que le vaya bien, pero cuando alguien te cobra a ti y no cuentas con los recursos suficientes para saldar la deuda, te vuelves a resentir. Y así, *de a gratis*, cuando menos lo piensas y casi sin darte cuenta, ya te encuentras de nuevo resentido.

Recuerda que cada vez que sientes resentimiento, la frecuencia vibratoria de los pensamientos y componentes afectivos (emociones y sentimientos), desciende hasta los pozos más profundos del agujero negro de la inconsciencia, en donde el vacío interior crece y la desolación se hace manifiesta. Incluso pueden aparecer depresión o severas crisis de angustia y, además, por si fuera poco, tu vida se puede convertir en una noche eterna que parece no tener fin, en un verdadero infierno.

No obstante, puedes elegir la magia y el poder del perdón, que te eleva hasta las compuertas del cielo, hasta el corazón de Dios, y desde ahí pedir la solución de tus problemas conforme a su voluntad divina y perfecta.

O por el contrario –lamentablemente lo más frecuente–, elegir el resentimiento que te llena de amargura y atrae a tu vida las consecuencias antes descritas. Incluso, elegir pelearte con Dios porque parece que no te escucha, que no hace lo que tú le dices. Si éste fuera tu caso, acepta la responsabilidad de tu elección y deja de culpar a los demás, a la vida y a Dios por lo desastres que acontecen en tu existencia. Ahora sabes que aunque no nos guste, los únicos responsables de las consecuencias que atraemos a nuestra cotidianidad somos nosotros mismos.

Elegir lo que quieres vivir te hace responsable, además, te concede el poder de dirigir las riendas de tu existencia hacia donde tu corazón te guíe. Te sugiero que cuando experimentes el poder de tener las riendas de tu existencia en tus manos, con profunda humildad se la entregues al Ser supremo, sin fanatismos ni fantasías, simplemente realiza una reverencia sagrada, que equivaldría a la función de onda que realizan las partículas elementales para penetrar al campo invisible e intangible del que proviene toda la creación: la Dimensión de los Milagros, para teñirte con la gloria del Eterno, y entonces puedas pedir su guía y orientación divina. Más allá de toda palabra, esto significará experimentar una paz indescriptible en el corazón y descubrir que quien hizo el cielo, el mar y la tierra camina siempre contigo y… ¡vive en ti!

Mantén siempre encendida la antorcha de la fe, alimenta la gratitud en tu corazón, y, con todo ello, descubre que los milagros se encuentran al alcance. Aprende que el Reino de los Cielos no se encuentra más lejano que el aire que respiras, que tus más encumbrados pensamientos y tus más nobles sentimientos. Tal como diría san Agustín: "Los milagros no están contra la naturaleza, sino contra lo que el hombre sabe de la naturaleza".

Atrévete a conquistar tu verdadera dimensión humana y a descubrir la chispa de la divinidad que está encendida en lo más profundo de tu ser desde el principio del tiempo. Aprende a darle vida a la semilla de gloria que está sembrada en tu corazón por el mismo dedo de Dios, que es la fuerza que hace latir tu corazón, que renueva tus células y que es la esencia de toda manifestación de vida en cada momento y en cada lugar.

Sólo recuerda que si no estás viviendo lo que tú quieres vivir; si tu vida es un mar de conflictos, de pérdidas, carencias y sinsabores; si tienes algunos logros pasajeros, pero a nivel interior experimentas un gran vacío y una enorme desolación, significa que te encuentras sumergido en un agujero negro de la inconsciencia, en el cual el miedo, los celos, la culpa, la envidia, el resentimiento, la hipocresía, la mezquindad, el egoísmo y las fracturas emocionales, además de la actividad entrópica y destructiva de los defectos de carácter, te hacen prisionero y esclavo de todo tipo de adicciones, marchante permanente del dolor y del sufrimiento. Esto quiere decir que siempre estás a medias: "Tengo esto, pero me falta aquello", "Tengo logros materiales, pero en el interior siempre me siento vacío", etcétera.

Sin embargo, no importa lo que hayas generado hasta hoy, lo profundo del abismo en el que te encuentres, lo oscuro de la noche por la que atravieses o el fondo emocional que estés experimentando, hasta ahí llega la mano extendida del Creador para invitarte a ponerte de pie, dirigir la mirada al

Cielo y percibir en lo grande y en lo pequeño, en lo finito y lo infinito, su grandeza sin límite, su amor sin condición.

Para terminar con el infierno repetido, clausurar el dolor tanto tiempo conocido, tenemos el recurso de la alquimia. Sólo es importante tener presente que la trasmutación de algún elemento o condición en algo más complejo y más elevado, requiere en primera instancia sacar la escoria o lo que ya no tiene utilidad alguna, para dar pie al surgimiento de una nueva manifestación de vida. Tal es el caso de las estaciones del año. Para el surgimiento de una primavera se requiere un otoño previo que haga caer las hojas de los árboles, las cuales servirán como abono para continuar con el ciclo interminable de la vida; asimismo, se necesita un invierno, en muchas ocasiones demasiado crudo, en el que muchos árboles quedan literalmente pelones para propiciar el surgimiento de un nuevo ciclo.

Podemos observar un proceso similar en la alquimia que se realiza con los ingredientes que se colocan en una licuadora: ajo, chiles, cebolla, jitomate, cilantro, etcétera, y precisamente mediante el proceso de licuado o turbulencia del aparato, se genera la desintegración de cada uno de los componentes originales para dar paso a una riquísima salsa.

De igual manera sucede con nosotros, particularmente con los agujeros negros de la inconsciencia, que surgen de la manera más inesperada. Pero, como ahora sabes, espera ser transformado mediante el proceso de aprendizaje de cada experiencia y el descubrimiento de nuestros recursos interiores como el autoconocimiento de nuestros defectos de carácter, miedos, culpas, resentimientos o fracturas emocionales, para convertirse en virtudes mediante el esfuerzo cotidiano y el contacto consciente con el Ser supremo.

Asimismo, utilizar siempre que sea posible la magia y el poder del perdón, el sortilegio y supremacía de la visualización, que el *Talmud* llama "El taller de Dios", puede enriquecerse con el uso de los colores del arcoíris, los cuales emiten frecuencias vibratorias particulares a nivel físico, y poseen dones específicos a nivel metafísico.

En el siguiente capítulo te hablaré sobre el poder de cambio y trasmutación que ejerce el perdón en todos los ámbitos de nuestra existencia, así como su significado metafísico y el color que le representa en este ámbito, el cual, curiosamente, es el mismo que los agujeros negros del universo emiten cuando existe mayor entropía, recuerda que esta última sirve para liberar la luz encapsulada en la fuerza de gravedad que sostiene a la materia.

Capítulo 14

El poder de cambio y la magia del perdón

El perdón ha sido considerado algo muy valioso, desde tiempos inmemoriales, en las culturas más avanzadas y representativas. Es también pilar fundamental de las religiones más importantes, y ha sido y sigue siendo motivo de investigación científica en diferentes universidades ya que éste tiene un impacto en el bienestar físico y psicoemocional de las personas. También se ha estudiado la influencia del resentimiento en diferentes enfermedades, incluso su relación con el cáncer.

En este momento, lo que nos interesa es mostrar que sin el perdón no es posible abandonar la turbulencia entrópica de los agujeros negros de la inconsciencia. Sin él, no lograremos despejar las sombras que acompañan a la noche oscura del alma ni encontrar la libertad que nos conduce hacia el camino de la luz, hacia el corazón de Dios. Recuerda lo que menciona Shahen Hacyan acerca de que lo que entra en un agujero negro no puede salir si no es completamente transformado, y en nuestro caso, sólo el perdón genuino, el que sale del corazón, propicia la metamorfosis o el cambio necesario.

Así es. El ejercicio continuo del perdón nos proporciona la energía necesaria para conseguir dicha transformación y dejar de ser esclavos y prisioneros de los agujeros negros de la inconsciencia, donde permanecemos torturados por los recuerdos del pasado y atormentados por un mañana que se muestra amenazante desde la perspectiva de la densidad o singularidad de este agujero. No debemos olvidar que somos seres de luz en un cuerpo y un plano material que espera ser liberado mediante la expansión de la conciencia y la transformación de nuestras experiencias en aprendizaje, perdón y crecimiento interior, que es lo que permite nuestra evolución.

El perdón es un proceso interior que te permite despojarte del dolor del pasado, transformar las experiencias que te han hecho daño, en aprendizaje y genuina libertad, con la que te será posible dar un salto cuántico hasta las compuertas del cielo para conocer el rostro de Dios, y con ello quizá lograr ver a tu agresor con los ojos con los que nos mira nuestro Creador: con compasión, en vez del enojo y sin la amargura que genera el resentimiento.

Y así, mientras que el resentimiento cubre tu alma de sombras sumergiéndote en las profundidades del agujero negro de la inconsciencia y te hace esclavo del pasado y temeroso del mañana, el perdón le regala libertad a tu alma y una inconmensurable paz a tu corazón. Recuerda que el resentimiento baja la frecuencia vibratoria de tus pensamientos, emociones y sentimientos, te enlaza con la fuerza destructiva de la materia y, por ley de atracción, aproxima hacia tu existencia una y otra vez a personas y a circunstancias que generan dolor o sufrimiento. El perdón genuino te envuelve en la mágica presencia del Ser supremo, que como una mano extendida te sustrae de las sombras y te coloca en el esplendor de la luz y la libertad.

Nos dicen los astrofísicos que en el universo sólo los objetos que viajan a una velocidad mayor que la de la luz pueden escapar de la inmensa fuerza que ejerce la gravedad y así evitar ser devorados por los agujeros negros que prevalecen en el espacio.[1] En esencia, el perdón sería la energía cósmica del más alto nivel –el que sólo se puede ejercer con el poder de la mente– y de la más elevada frecuencia vibratoria, con la cual es posible salir de la energía entrópica y destructiva que se genera en la turbulencia de los agujeros negros de la inconsciencia.

Recuerda que según los principios herméticos que postula *El Kybalión*: "Todo en el universo es mente", y hay una inteligencia cósmica que dirige la existencia. Por ello, no es sorprendente que las células de cada ser vivo, además de que se renuevan de manera asombrosa día con día, saben qué hacer y cómo hacerlo. Por ejemplo, las células del hígado van al hígado, las del riñón al riñón, las de la piel a la piel, etcétera. Ya te imagino preguntando: "¿Y entonces, con el cáncer qué pasa?" Recuerda que todo aquello que causa pena, dolor y sufrimiento es producto de nuestra inconsciencia. Pues, al estar hechos a imagen y semejanza del Padre, tenemos la capacidad de crear nuestros pensamientos y sentimientos.

Es por ello que resulta tan relevante conocer y entender el poder que ejerce el perdón, pues éste representa la fuerza de cambio y transmutación en nuestra mente y en nuestro corazón. El perdón nos permite convertir la entropía (fuerza o tendencia destructiva) en antientropía (fuerza creadora). Podría compararse con un proceso de reciclaje, el cual transforma los objetos viejos e inútiles en algo útil y nuevo.

Te aseguro que si no se realiza un genuino proceso de perdón, no es posible salir de los agujeros negros de la inconsciencia. En mis libros referentes a este tema –*El Infierno*

---

[1] Shahen Hacyan, *Los hoyos negros y la curvatura del espacio-tiempo*, México, FCE, (La ciencia para todos), 2003.

del resentimiento y la magia del perdón y *El perdón, una onda cuántica de libertad*– realicé una analogía de lo que acontece con una bellota cuando logra romper su dura cáscara: inicia su proceso de transformación y hecha raíces, lucha contra lo oscuro y pantanoso de la tierra, y resiste a la tremenda fuerza que ejerce la gravedad, para finalmente, salir a la luz y convertirse en un imponente roble.

Si la bellota no hubiera logrado romper la cáscara que la aprisionaba, habría iniciado un proceso de descomposición o entropía hasta pudrirse; no obstante, a pesar de su descomposición, se habría convertido en abono para la tierra. No olvides que en el universo *nada se pierde, todo se transforma*, sólo que tú, al ser una criatura amadísima de Dios, tienes el poder de elegir si deseas consumirte con el resentimiento y la amargura, o emprender un vuelo hacia la auténtica libertad por medio del perdón.

De esta manera, podemos observar que algo semejante acontece con nosotros. Las contrariedades y todo tipo de adversidades que llegan a nuestra existencia nos brindan la oportunidad de elegir si nos quedamos encapsulados en el resentimiento, hasta destruir nuestra existencia y dañar a los seres que más amamos, o si escogemos el poder y la magia del perdón para romper cadenas, grilletes y candados, y emprender un vuelo de libertad para escapar de la turbulencia entrópica del agujero negro de la inconsciencia.

Y si bien el perdón, a nivel físico, representa la potencia que nos permite vibrar en las frecuencias más elevadas, a nivel metafísico simboliza el poder de la transmutación y el camino de la libertad.

Estos dones y cualidades del perdón se representan con el color violeta, el cual, tal y como señalan los metafísicos, simboliza: "La llama cósmica del perdón y la misericordia divina". Mediante el puente que ha realizado la Psicología Cuántica y del Espíritu® o Psicelogía, que ha logrado hilvanar los principios más relevantes entre física y metafísica, entre ciencia y espiritualidad, sabemos que los colores, a nivel físico, emiten frecuencias vibratorias, lo que determina su longitud de onda, mientras que a nivel metafísico, cada uno cuenta con dones y cualidades específicas y sorprendentes. Al final de este libro vas a encontrar un apéndice con los colores del arcoíris y su significado metafísico.

Por lo pronto, es importante recordar que el color violeta tiene el poder de la transmutación, es decir, de cambiar o realizar la alquimia universal, eliminando la densidad de la fuerza gravitatoria que nos retiene en la entropía de los agujeros negros de la inconsciencia, para transformar éstos en iluminación y expansión de libertad y crecimiento interior. Sólo con el perdón es posible convertir el dolor del ayer en un presente de dicha, conciencia y plenitud.

También, el perdón nos regala el poder de transformar nuestra historia en la mejor, ya que si bien no es posible cambiarla, sí podemos aprender de ella, y con el impulso o energía que nos regala esta transformación, elevarnos hasta las cimas más encumbradas del espíritu.

El proceso del perdón, o al menos un ejercicio del mismo, debes realizarlo a diario o siempre que puedas, de preferencia antes de dormir. Es conveniente elaborar un inventario de tus errores y omisiones cometidas durante el día, y pedir el perdón y la misericordia divina por todo aquello que consciente o inconscientemente provocó dolor o sufrimiento a la vida en cualquier manifestación; asimismo, pedir que la luz violeta envuelva a todo aquél que lo necesite, que elimine toda condición discordante de tu mundo y tus circunstancias, y que te ayude a perdonar de corazón a las personas que dejaron una profunda herida en tu alma.

Realizar este proceso puede resultar el mejor ansiolítico y un insuperable somnífero. Te aseguro que un corazón que experimenta la paz que otorga el perdón es también una fuente inmejorable de salud, vitalidad y energía. El perdón es la llave que nos permite, en primera instancia, abrir la puerta corroída que mantiene prisionero a nuestro corazón; y en segunda instancia, abrir las compuertas del cielo para penetrar al corazón de Dios, y saber y sentir que: "Con Él y en Él, hasta lo imposible se hace posible".

El perdón propicia la reconciliación con nosotros mismos, con nuestra familia, con nuestros semejantes. Es un punto de enlace entre los hombres y entre las naciones; puente que une y desmorona los muros que separan.

De todo corazón, deseo que el perdón y todas y cada una de las sugerencias que te proporcioné en este libro constituyan para ti un verdadero tesoro de autoconocimiento, expansión de conciencia y la conquista de la libertad añorada, aquélla que de mil maneras hemos buscado infructuosamente en las satisfacciones y seducciones que la materia mundana nos ofrece a cada momento, ignorando la fuerza del espíritu, el cual es el único camino de transformación y trascendencia, pues hay que tener presente que corresponde al campo invisible e intangible de donde surge la vida en toda manifestación.

Este campo, como anteriormente lo comentamos, es percibido desde diferentes enfoques del conocimiento y llamado de diversas formas, pero en esencia hace alusión a lo mismo:

- La mente cósmica, para los metafísicos.
- Dios, para la religión.
- La primera causa, para los filósofos (Aristóteles).
- El campo de Higgs, de donde surge la partícula divina o partícula de Dios, para los astrofísicos.
- Campo cuántico o supracuántico, de donde emergen las partículas elementales de la materia, para los físicos.
- La Dimensión de los Milagros, para la Psicología Cuántica y del Espíritu® o Psicelogía.

Ahora sabes que la morada del Altísimo se encuentra a tu alcance cuando, con humildad, reconoces tu propia pequeñez y finitud humana; cuando, de corazón, perdonas todo aquello que te ata y esclaviza a la turbulencia del agujero negro de la inconsciencia, en donde el caos, la destrucción y la muerte se hacen patentes mediante violencia inexplicable, todo tipo de adicciones, neurosis, depresión, carencias, conflictos y enfermedades, de las cuales muchas no parecen tener explicación y, mucho menos, tratamiento.

Confío en que esta propuesta, en la que principios filosóficos universales, leyes cósmicas eternas y sólidos fundamentos científicos se correlacionan con lo que acontece en el universo, en nuestra mente y nuestra realidad, constituya una alternativa no sólo de explicación, sino también de solución para ponerle fin a la noche oscura por la que atravesamos, terminar con los tiempos de La Gran Tribulación y conquistar los de paz y armonía entre los hombres. Asimismo, para instalar el Reino de los Cielos en el aquí y el ahora, en donde todas las cosas fluyan para bien.

Recuerda: "Primero busca el Reino de Dios y su justicia, y todo te será dado por añadidura".

Capítulo 15

Mi sueño es

Mi sueño es que muy pronto logremos clausurar el camino de dolor y sufrimiento que por ignorancia e inconsciencia hemos construido. Que dejemos atrás la noche oscura por la que atravesamos como humanidad, y aprovechemos la energía entrópica y destructiva que han generado los agujeros negros de la inconsciencia para poder dar un salto cuántico al campo invisible e intangible del que emerge toda la creación: La Dimensión de los Milagros. Que logremos quitarle las riendas de nuestra existencia al miedo que nos invade y que, como ahora bien sabes, es el que nos sumerge en los pozos profundos de la desolación y en la entropía de los agujeros negros de la inconsciencia, para poder navegar en la fuerza y el poder del amor, que es la energía cósmica que atrae todo lo bueno y rechaza todo lo que causa daño, dolor y sufrimiento.

Debemos entregarle las riendas de nuestra existencia al Ser supremo –o como cada quien pueda concebirlo– y vivir bajo el cobijo de su amor, luz, protección y provisión. Recuerda que de acuerdo con la ley del ritmo de *El Kybalión*, que postula que *todo lo que sube, baja. Lo que baja, sube. Lo que va, regresa*, nosotros también tenemos que levantarnos de la oscuridad, la entropía y la destrucción en la que nos encontramos para subir a la luz, que es nuestra esencia.

Deseo que se encienda la llama de la esperanza en el corazón de todo ser humano, y que los niños, los jóvenes y los adolescentes recuperen sus sueños y descubran el camino correcto para hacerlos realidad. Además, que la paz, el amor y la armonía prevalezcan entre los hombres y entre las naciones.

Que nuestras noches sean serenas, las pesadillas desaparezcan de nuestra existencia y nuestros sueños se encuentren cobijados por el amor divino y la protección de Dios. Que se restablezca la paz y el amor en las familias. Que la inocencia de los niños sea respetada y protegida. Que el amor, el servicio y la compasión sustituyan todo tipo de egoísmo, mezquindad y violencia. Que la integridad y el respeto por la condición de cada ser vivo se restituya. En fin, que todo aquello que nos enaltece como seres humanos sea rescatado.

Tengo la certeza absoluta que todo esto y más, mucho más, puede ser alcanzado, pero para ello es necesario tomar conciencia, es decir, darnos cuenta de las condiciones precarias y dolientes en las que nos encontramos para poder transformarlas por medio de un genuino perdón, el cual, como ahora ya sabes, es el que tiene la posibilidad de elevarnos hasta el corazón de Dios. El perdón genuino, el que se realiza de corazón, es la mano extendida del Creador, la cual, sin importar el fondo emocional en el que nos encontremos, lo oscuro de la noche por la que atravesemos o lo profundo del abismo en el que estemos sumergidos, nos eleva y nos libera de toda atadura, de todo dolor y sufrimiento.

Es por ello que mi más profundo anhelo es realizar un ejercicio de perdón multitudinario a través de los medios de comunicación para llegar hasta los rincones más apartados del planeta. Estoy segura de que el perdón es el bálsamo que el alma necesita para dejar atrás el infierno conocido y ponerle fin a la noche oscura por la que atravesamos. Por lo pronto, están mis libros y mis discos compactos con temas relacionados al proceso del perdón; además, para quien físicamente ya no está, un DVD acerca de ello.

De igual manera, en mi programa de radio que se transmite de lunes a domingo por Radio Centro 107.3 HD2, a las 11:30 de la mañana, cada fin de mes realizamos un ejercicio de perdón para cerrar el ciclo y prepararnos para el que comenzará. También todos los días, cerca de las 12:50 de la tarde, hacemos una oración en la que miles de personas de todo el mundo nos unimos por medio de internet, y que nos otorga como respuesta verdaderos milagros, de los cuales existen testimonios.

Te pido de corazón que te unas a mi sueño. Que hagas del perdón tu anhelo más grande y tu ejercicio cotidiano. Que participes en a nuestra cadena de oración y que pases la voz. Que difundas este libro, el cual fue realizado con mucho amor y esfuerzo, para que cada día seamos más y más personas las que nos demos cuenta de que es posible clausurar el infierno en el que vivimos. Que detengas, e incluso transformes, la turbulencia y la energía entrópica y destructiva de los agujeros negros de la inconsciencia en los que nos encontramos atrapados, para aprender a voltear al firmamento y descubrir que quien hizo el cielo, el mar y la tierra está… ¡siempre contigo!

Con todo mi amor,
Raquel Levinstein

Apéndice

Los colores del arcoíris y su significado metafísico

Cada uno de los colores del arcoíris tiene propiedades y frecuencias vibratorias singulares. Cada vez que imaginas alguno de ellos, estás elevando la frecuencia vibratoria de tus pensamientos, concentrando la energía que fluye en tu mente y resonando con el universo entero. A continuación te menciono su significado:

- Color blanco: paz, pureza y apertura espiritual.
- Color rosa: amor divino.
- Color naranja: serenidad, armonía y prosperidad.
- Color amarillo o dorado: sabiduría y guía divina.
- Color verde: salud, verdad y abundancia.
- Color azul: voluntad y protección divina.
- Color violeta: perdón y transmutación.

Sobre la autora

Raquel Levinstein, pionera de la Psicología Cuántica y del Espíritu® con más de 30 años de trayectoria, es directora del Centro de Servicios Interdisciplinarios para el Desarrollo Humano (CSIDH), así como presidenta y fundadora de la Asociación Hispanoamericana de Psicología Cuántica y del Espíritu®.

Es autora de varios libros considerados *best sellers*, entre los que destacan: *Pensando en ti*, *En busca de un ayer perdido* y *Señor, quítame lo bruto*; además del *long seller El infierno del resentimiento y la magia del perdón*, libro que recibió la Condecoración al Mérito Editorial y que lleva más de 35 reimpresiones. Es autora de más de 55 audios con reflexiones de autoterapia emocional creados para enfrentar situaciones como la pérdida de un ser querido, el abandono y la infidelidad; también para ser mejor padre, hijo y ser humano, y todos los temas inherentes a la superación personal y el desarrollo humano.

Es una destacada conferencista que sabe tocar las fibras más sensibles de su auditorio. Además, desde hace más de 30 años, colabora con grupos de autoayuda, como Alcohólicos Anónimos, a quienes ama y admira profundamente.

Cuenta también con una importante trayectoria en televisión y radio, donde ha recibido premios internacionales como el Premio Quetzal, el Micrófono de Oro, la medalla Dolores Ayala por la Asociación Nacional de Locutores y el premio

Águila de Oro. Puedes escucharla en su programa *Siempre contigo*, que se transmite todas las mañanas a las 11:30 por Radio Centro 107.3 HD2 y en todo el mundo a través de internet y en todo el mundo a través de internet en Grupo Radio Centro, <http://radiocentro.com>.

Ha sido reconocida y premiada, incluso en el ámbito internacional, en todas las áreas en las que se ha desempeñado: escritora, conductora de radio y televisión, conferencista y, sobre todo, la que ella considera la más importante: la de promover el cariño de su público.

Si deseas contactar a Raquel Levinstein, puedes hacerlo en la página: <www.raquelevinstein.com.mx> o comunicarte al teléfono: 55 41 43 19, donde con gusto te informarán sobre sus libros, materiales auditivos, así como cursos, talleres y conferencias con lo más actualizado de la Psicología Cuántica y del Espíritu®.

Asimismo, si quieres, puedes escribirle al siguiente correo electrónico: <siemprecontigorc@yahoo.com.mx>, a su muro en Facebook: <facebook.com/siemprecontigogrc>, y a su cuenta de Twitter: <@SCONTIGORC1030>.

Fuentes de consulta

"El científico Michio Kaku: 'Está claro que estamos en un plano regido por reglas creadas y no determinadas por azares universales'", en *Forum Libertas*, 10 de diciembre de 2013, disponible en: <http://www.forumlibertas.com/el-cientifico-michio-kaku-esta-claro-que-estamos-en-un-plano-regido-por-reglas-creadas-y-no-determinadas-por-azares-universales/>.

Borges, Jorge Luis, *El Aleph*, México, Debolsillo, 2011.

Braden, Gregg, *El tiempo fractal*, Málaga, Sirio, 2012.

Davies, Paul, *Dios y la nueva física*, Barcelona, Salvat, 1983.

Emoto, Masaru, *Los mensajes ocultos del agua*, México, Alamah, 2005.

Ferris, Thimothy, "Un primer vistazo al cosmos oculto", en *National Geographic en español*, México, marzo de 2015.

Greene, Brian, *El universo elegante*, Barcelona, Booket, 2014.

Hacyan, Shahen, *Los hoyos negros y la curvatura del espacio-tiempo*, México, FCE (La ciencia para todos), 2003.

Hawking, Stephen, *Agujeros negros y pequeños universos*, Barcelona, Crítica, 2014.

Lévi, Éliphas, *El libro de los esplendores*, Madrid, Edaf, 1985.

Levinstein, Raquel, *El perdón, una onda cuántica de libertad*, México, Panorama, 2006.

_____, *El infierno del resentimiento y la magia del perdón*, México, Panorama, 2014.

_____, *Pensando en ti*, México, Panorama, 2014.

_____, *Vivir sin miedo*, México, Panorama, 2014.

_____, *Dile adiós al sufrimiento*, México, Panorama, 2015.

_____, *El poder de la oración*, México, Panorama, 2015.

_____, *En busca de un ayer perdido*, México, Panorama, 2015.

_____, *La culpa*, México, Panorama, 2015.

_____, *Pasaporte a la Dimensión de los Milagros*, México, Panorama, 2015.

Lipton, Bruce H., *La biología de la creencia*, Madrid, Gaia Ediciones, 2012.

_____ y Steve Bhaerman, *La biología de la transformación*, Madrid, Gaia Ediciones, 2012.

Los Tres Iniciados, *El Kybalión*, México, Lectorum, 2012.

Marquès, Ramon, *Descubrimientos estelares de la física cuántica*, Barcelona, Índigo, 2004.

_____, *El primer vistazo*, Barcelona, Vedrá, 2014.

Mears, Laura, "50 datos increíbles sobre los agujeros negros. La astronomía en México", en *Todo sobre el espacio*, núm. 1, México, 2015.

Méndez, Conny, *El nuevo pensamiento*, Barcelona, Giluz, 2013.

Real Academia Española, *Diccionario de la lengua española*, Madrid, 2001.

Saint Germain, *Alquimia*, México, Grupo Editorial Tomo, 2000.

Sheldrake, Rupert, *Siete experimentos que pueden cambiar al mundo. Una guía para revolucionar la ciencia*, Barcelona, Paidós, 1995.

_____, *Una nueva ciencia de la vida. La hipótesis de la causación formativa*, Barcelona, Kairós, 2011.

Steel, Piers, *Procrastinación*, México, Grijalbo, 2011.

Viasa, *El Bhagavad Gita. Canto al Señor*, Málaga, Sirio, 2009.

Wilber, Ken (ed.), *Cuestiones cuánticas*, Barcelona, Kairós, 2007.